AF544113

Jens Daniel Schubert

Aus Blasewitz in die Welt

Episoden aus dem

Leben des Dresdner Komponisten

Johann Gottlieb Naumann

DONATUS

Jens Daniel Schubert, Theaterwissenschaftler, Publizist, Journalist und Autor, wohnt in Dresdens Stadtteil Blasewitz und fühlt sich dem Komponisten Johann Gottlieb Naumann, der hier geboren wurde, besonders verbunden. Schubert nähert sich dem vergessenen Musiker und Hofkapellmeister durch kleine Geschichten und Szenen, die sich vielleicht so abgespielt haben könnten. Dabei werden unterschiedliche Facetten der Persönlichkeit Naumanns beleuchtet. Die fiktiven Momente beruhen meist auf anekdotischen Überlieferungen August Gottlieb Meißners und Elisa von der Reckes oder sind reine Spekulation, wobei meist ein Bezug zu Naumanns Biografie gegeben ist.

Bibliografische Information der Deutschen Nationalbibliothek:
Die Deutsche Nationalbibliothek verzeichnet diese Publikation in der Deutschen Nationalbibliografie; detaillierte bibliografische Daten sind im Internet über www.dnb.de abrufbar.

Impressum

Gestaltung: Spitzenton.Design
Schattenbilder: Archiv DONATUS VERLAG
Verlag: DONATUS VERLAG, Niederjahna
Herstellung: Books on demand, BOD Norderstedt
ISBN: 978-3-946710-13-4
www.donatus-verlag.de

Inhaltsverzeichnis

Vorwort

Johann Gottlieb Naumann, der vergessene Dresdner Musiker und Hofkapellmeister, wird in dieser Publikation mit kleinen Geschichten und Szenen, die sich vielleicht so abgespielt haben könnten, beschrieben. Dabei werden unterschiedliche Facetten der Persönlichkeit Naumanns beleuchtet. Sie beruhen auf anekdotischen Überlieferungen August Gottlieb Meißners und Elisa von der Reckes oder sind reine Spekulation, wobei aber meist ein direkter Bezug zu Naumanns Biografie gegeben ist.

Die kleinen Episoden sollen dazu anregen, den Menschen Naumann besser kennenlernen zu wollen – vielleicht etwas mehr über ihn zu lesen, seine Musik zu hören oder einfach mit wacheren Augen durch Dresden und insbesondere Blasewitz zu gehen – denn Naumann ist eine der wenigen Persönlichkeiten, die hier geboren wurden und später auch in der Stadt wirkten.

Naumann, der sich selbst meist Amadé oder Amadeus nannte, erblickte 1741 in Blasewitz das Licht der Welt. Das Blaue Wunder verbindet Blasewitz erst seit Anfang des 20. Jahrhunderts mit dem rechtselbigen Loschwitz – und den Körnerplatz mit dem Schillerplatz. Drüben in Loschwitz wohnte Friedrich Schiller längere Zeit bei Christian Gottfried Körner, dem engen Freund Naumanns und Vater des Freiheitslieddichters.

Eine zum Schillerplatz führende Straße ist heute nach Naumann benannt, die Grundschule in Blasewitz trägt seinen Namen. Denkmäler und Gedenktafeln erinnern an ihn. So begegnet man dem Musiker ohne recht zu wissen, wer Naumann eigentlich war. Dabei gehörte er zu Lebzeiten zu den bekanntesten deutschen Tonkünstlern und wurde in einem Atemzug mit Mozart oder Haydn genannt.

Von Naumann stammt beispielsweise eine der ersten Vertonungen von Schillers „Ode an die Freude". Doch die deutsche Nationaloper, die sich manche Freunde von Naumann und Schiller erhofften, kam nicht zu Stande. Der Götterfunke einer künstlerischen Freundschaft wollte einfach nicht überspringen.

Damals war Naumann bereits etablierter Hofkapellmeister, was ihm bestimmt so nicht in seine Blasewitzer Wiege gelegt war. Naumann war von Beginn seiner Karriere Mitte der 1760er Jahre bis zu seinem Tod 1801 ununterbrochen Angestellter des Dresdner Hofes. Aber er gastierte mehrere Spielzeiten in Schweden, wo er unter anderem das als schwedische Nationaloper geltende Werk „Gustav Wasa“ komponierte. Er weilte in Kopenhagen, wo er erfolgreich die Hofkapelle reformierte, wurde vom Preußenkönig umworben und dirigierte an großen und kleinen deutschen Fürstenhöfen.

Den „Ritterschlag“ als Komponist erlangte man damals als Komponist von Opern meist großer, tragischer Stoffe. Naumann komponierte häufig auch heitere, leichte Musiktheaterstücke, die dann oft in freier Übersetzung in der jeweiligen Landessprache aufgeführt wurden. Naumanns bekannteste Werke jedoch sind seine Kirchenkompositionen – einerseits, weil ihm dieses Genre am Herzen lag, andererseits, weil die Tradition der Dresdner Hofkirchenmusik bis in die zweite Hälfte des 19. Jahrhunderts ausschließlich Werke Dresdner Hofkomponisten zuließ.

Weniger bekannt sind seine Liedkompositionen, obwohl sich Naumann gern und viel in kunstsinnigen Kreisen aufhielt und für sie komponierte – etwa bei Tina Gräfin von Brühl in ihrem legendären Seifersdorfer Tal oder bei Elisa von der Recke, die zeitweise sogar bei Naumann wohnte, selber einige Texte zur Vertonung beisteuerte und eine enge Freundin mit ausgezeichneten gesellschaftlichen Verbindungen war.

Das Haus von Naumanns Eltern stand in etwa da, wo heute der Bäcker in der „Schillergalerie“ seine Brötchen verkauft. Das ist insofern „historisch“, weil auch Naumanns Mutter gern und gut buk. Bis nach Dresden hatte es sich herumgesprochen, dass man bei ihr Kaffee und Kuchen zu moderaten Preisen bekommen konnte. Das lockte eines Tages auch den schwedischen Geiger Anders Wesström nach Blasewitz, der dem Leben von Johann Gottlieb, dem Ältesten der Naumanns, die entscheidende Wende geben sollte. Ob er das Talent Naumanns erkannte, ob er dem

Jungen aus Sympathie helfen wollte oder doch einfach nur einen preiswerten Diener für seine Reise suchte, bleibt der erzählerischen Fantasie überlassen. Jedenfalls hat er Naumanns Weg in die Musik gebahnt, ihn, wenn auch über Umwege, nach Italien gebracht und dort zum besten Musiklehrer, dem Geigenvirtuosen Tartini geführt. Bei Tartini lernte Naumann die Grundlagen der Musik verstehen und im Ensemble der besten Musiker seiner Zeit mit, und bald sogar eine erste Geige zu spielen.
Auf dieser Basis reüssierte Naumann als Opernkomponist in Venedig und konnte sich mit gerade 23 Jahren erfolgreich in Dresden bewerben. Er begann als Kirchen-Compositeur, verdiente sich bald Anerkennung, bekam hier eine Gehaltsaufbesserung, da einen neuen Titel und blieb so in Dresden.
Naumans Mutter bewohnte das Haus in der heutigen Loschwitzer Straße bis zu ihrem Tode, auch wenn Johann Gottlieb inzwischen die benachbarten Flurstücke gekauft und einen repräsentative Villa errichtet hatte. „Naumanns Palais“ wurde im Zweiten Weltkrieg zerstört. Heute steht an dieser Stelle auf dem Vorplatz der Schillergalerie, gleich neben dem Eingang zur Tiefgarage, eine Stele, die an den Hofkomponisten erinnert.
Das Faszinierende an der Person Johann Gottlieb Naumanns ist, dass er es, unmittelbar auf das „Augusteische Zeitalter“ Dresdens folgend, vom Sohn eines armen Blasewitzer Häuslers zum weltgewandten, wohlhabenden und respektablen Hofkapellmeister geschafft hat. Eine „vom Tellerwäscher zum Millionär“-Geschichte aus dem spätbarocken Sachsen.
Genauso frappierend ist jedoch, dass Naumann, der zu Lebzeiten so ungefähr alles erreicht hat, was ein Musiker zu seiner Zeit erreichen konnte, in ganz Europa bekannt und begehrt war, von Skandinavien bis Italien, von Paris bis St. Petersburg gespielt wurde, innerhalb eines Menschenlebens geradezu vergessen wurde, lediglich einige kirchenmusikalische Werke bekannt blieben und er erst gegen Ende des 20. Jahrhunderts wiederentdeckt worden ist.

Kinderstube

Naumann war, wie so viele Kinder seiner Zeit, in äußerst ärmlichen Verhältnissen aufgewachsen. Der Vater war „Häusler“. Das kleine Häuschen stand am Rande von Blasewitz, da, wo der Weg durch den Blasewitzer Forst in Richtung Residenzstadt begann. Das Stück Garten rund um das Haus wurde intensiv bewirtschaftet, man konnte notdürftig davon leben.

Naumanns Großvater, der Blasewitzer Schuhmacher, hatte sich für seine Tochter sicher etwas Besseres gewünscht. Aber Vater Naumann war ein gemütvoller, kräftiger Mann. Und Häusler, Sohn vom Schmied, war immerhin nicht Tagelöhner. Er würde die Tochter und Enkelkinder ernähren. Also hatte der Vater zugestimmt und seine Tochter freigegeben.

Sie brachte nichts mit in die Ehe als ihre zähe Arbeitskraft und eine von Kindheit an ausgeprägte Strebsamkeit, gepaart mit Genügsamkeit und Gottesfurcht. Sie ließ im Garten nicht nur alles gedeihen, was für den Lebensunterhalt notwendig war, sondern fand noch Raum für kräftig blühende Blumen. Malven wuchsen direkt im Schatten der Hauswand zur Straße hin, und so wirkte das kleine Häuschen einladend auf den Vorbeigehenden. Im streng geordneten und penibel sauber gehaltenen Zimmer konnte der Wanderer einkehren, fand einen gemütlichen Platz, bekam einen kräftigen Kaffee und für ihren ebenso schmackhaften wie preiswerten Stangenkuchen war sie bald über die Dorfgrenzen hinaus bekannt.

Mit jedem Kind jedoch wurde die Mühe größer, das Nötige zum Lebensunterhalt zusammenzubringen. Zumal ihr Mann keine große Hilfe war. Nun rächte sich, dass er kein Handwerk erlernt hatte und zu stolz war, Tagelöhnerdienste anzunehmen. Wenn es seine Frau nachdrücklich verlangte, ging er ihr im Garten zur Hand, das Umgraben der Beete, das Schlagen von Holz und andere schwere Arbeit, dazu konnte sie ihn bewegen. Doch sonst pflegte er Haus- und Gartenarbeit als Weiberkram abzutun.

Vater Naumann beherrschte einige Musikinstrumente ganz leidlich. Abends in der Wirtschaft spielte er für eine warme Mahlzeit, für ausreichend Wein vom Wirt und ein paar Groschen von den Gästen. So lernte er Leute kennen, die ihn einluden, bei Hochzeiten und Leichenfeiern zu spielen. Auch wenn es Tanz gab – zur Kirmes oder bei großen Festen – hatte er einen festen Platz in der Kapelle.

Andere Leute boten ihm an, für sie Dinge zu verkaufen, in Dresden auf dem Markt oder von Haus zu Haus ziehend. Er hatte Geschick, solche Aufgaben miteinander zu verbinden. Kam er in ein Haus, um etwas zu verkaufen, brachte er die neuesten Geschichten mit, blieb auf ein Gläschen und zog oft mit neuem Auftrag weiter. Kam er in die Stadt, um kleine Überschüsse aus dem eigenen Garten zu verkaufen, oder Dinge, die ihm die Dörfler anvertraut hatten, nahm er Briefe, Botschaften und kleinere Päckchen mit, stellte sie pünktlich und zuverlässig, und ohne zu viel nach deren Inhalt zu fragen, zu. Kam er wieder, wusste er die neuesten Nachrichten aus der Stadt, kannte die neusten Lieder und Moden.

Vater Naumann genoss dieses Leben. Er konnte, wenn es sein musste, arbeiten wie ein Ackergaul, aber auch alle Fünfe gerade und den lieben Gott einen guten Mann sein lassen. Johann Gottlieb, sein ältester Sohn, liebte es, beim Vater zu sein, seinen Geschichten zu lauschen und ihn beim Musizieren zu erleben. So manches Mal war er mit ihm, wenn sie von einer Besorgung aus Dresden zurückkamen, auf nur dem Vater bekannten Trampelpfaden durch den Forst vom geraden Weg abgewichen. Vater hatte ihn auf die Vögel aufmerksam gemacht und den Gesang von Amsel und Drossel zu erkennen gelehrt. Mit einer kleinen Pfeife konnte er die Lieder vieler Vögel verblüffend nachahmen. Oft hatten sie sich dann durch das Dickicht geschlagen, bis sie an die Wiesen am Elbufer gelangten. Sie hatten sich ins tiefe Gras gelegt und die Sonne auf die Bäuche scheinen lassen. Selbst wenn Vater nicht erzählte, Lieder sang oder muntere Melodien pfiff, war das einfach schön. War Vater bei vielen Leuten gewesen, dann hatte er meist auch das eine und das andere Gläschen

Wein getrunken. Auch mal ein Schnäpschen, nur davon durfte Mutter nichts wissen. Dann schlief er nach wenigen Minuten im Gras tief atmend ein.

Johann genoss es, sich an den warmen, mächtigen Körper zu lehnen. Er hörte auf die Vögel und ihre unterschiedlichen Melodien. Das Schnarren der Grillen untermalte die verschiedenen Tonfolgen, die er hörte, und er begann sich vorzustellen, wie es klingt, wenn mehrere verschiedene Vogelarten gleichzeitig singen würden. Dann hörte er die verschiedenen Glocken, die großen mit dem reinen Klang, die von der Frauenkirche in der Stadt herüberklangen und die Kleinen, die die Dorfbewohner ihren Kühen, Ziegen und Schafen umgebunden hatten. Dazu das Plätschern der Elbe, die um einen alten angeschwemmten Baumstamm herum gurgelte. Er hörte die Stille und die Melodien, er nahm die Harmonien in sich auf und entdeckte den Rhythmus, der so einem Sommertag innewohnte.

Doch solche Stunden waren selten, erst recht, nachdem seine Geschwister geboren waren. Mutter hatte immer eine Aufgabe für ihn. War der Schulunterricht, den Lehrer Müller in Loschwitz abhielt, zu Ende, dann war Wasser zu holen oder Unkraut zu jäten. Johann Gottlieb musste Feuerholz sammeln, größere Scheite spalten und die Beete bewässern. Er machte sich einen Spaß daraus, das Wasser schubweise in die Kanne zu pumpen. Ein großer Hub, dann zwei kleine, die zusammen so viel Wasser brachten wie ein großer, und wenn man ganz geschickt war, konnte man mit dreien, die ganz gleichmäßig nacheinander gepumpt wurden, wieder genau so viel Wasser gewinnen, wie mit einem großen Hub. Das war ungefähr so wie beim Lied „Dem Herren will ich zum Lobe singen“, das sie neulich in der Kirche gesungen hatten.

Sonntags ging es immer über die Elbe in die neuerbaute Kirche am Loschwitzer Hang zum Gottesdienst. Mutter legte großen Wert darauf, dass die Familie in ihrem besten Sonntagsstaat pünktlich vor dem Gottesdienstbeginn in der Kirchenbank saß. Vater kam nicht immer mit und wenn, blieb er hinter den Sitzreihen stehen oder stieg auf eine der Emporen. *„Ich kann an meinen Herren Jesus glauben auch ohne die Predigt des Herrn Pfarrer, wir sind doch keine Katholiken!“* An Mutters Seite, in den oft zu engen, „guten“ Kleidern, war der Gottesdienstbesuch für den Sohn eine anstrengende und wenig erfreuliche Pflicht.

In der Kirche

Johann Gottlieb war fünf oder sechs Jahre alt. Er hatte seit Ostern Schulunterricht bei Lehrer Müller, um lesen, schreiben und rechnen zu lernen. Die Schüler durften mit ihm, der sonntags in der Loschwitzer Dorfkirche die Orgel spielte, auf die Empore – aber nur zum Bälge treten. Das war gerade im Sommer eine schweißtreibende Arbeit, doch dafür war man der strengen Obhut der Mutter entkommen.
Die guten Plätze, mit Blick hinaus auf die Elbe, beanspruchten die Älteren. Johann Gottlieb war das ganz recht, denn von seinem Platz aus konnte er beobachten, wie Kantor Müller mit Händen und Füßen die Tasten und Pedale bediente. Schnell hatte der Junge begriffen, dass diese Musik ein sich wiederholendes Ritual immer gleicher Tasten und Pedale war, zu erlernen wie lesen und schreiben, nur schneller noch und einfacher.
Johann Gottlieb musste nach wie vor mit Mutter die frühe Fähre nehmen. Doch sobald das Boot ans Ufer stieß, lief der Junge los zur Kirche. Die großen Kirchentüren aufzuziehen war für den kleinen Jungen zu schwer. Doch hinten, da, wo der Aufgang zur Orgelempore war, gab es im großen Tor eine kleine Schlupftür die nicht verschlossen war. So konnte er die steile Stiege zur Orgel hinaufklettern. Und da er meist lange vor den anderen da war, setzte er sich gerne auf die Orgelbank und imitierte den Kantor. Mit ausladender Bewegung, wie er es bei seinem Lehrer gesehen hatte, griff er in die Tasten und sang dazu voller Inbrunst: *„Dank sei Dir, Herr Jesus, Amen!“* oder andere Antwortmelodien der Gemeinde.

Eines Sonntags hatte der Lehrer den Jungen dabei erwischt. Müller wollte dem übermütigen Knaben eine Lehre erteilen und trat in die Bälge. Nun erklangen die Akkorde, die der Junge anschlug. Der Kantor hatte mit fürchterlichen und unpassenden Dissonanzen gerechnet, die den Jungen erschrecken und ihm den nötigen Respekt vor der schwierigen Kunst der heiligen Cäcilia beibringen würden. Doch wunderbarerweise stimmten die Akkorde genau und auch die Tonlage, in der der Junge sang, war richtig. Von diesem Tag an nutzte und förderte Lehrer Müller die Begabung Naumanns, ließ ihn schon bald im Gottesdienst auf die Orgelbank, zeigte ihm die Feinheiten der Begleitung und schließlich das Einfügen von Choralstimmen.
So hatte er, Naumann, die Grundlagen des Musizierens erlernt und nie vergessen, dass dies die Basis ist. Später in Hamburg, bei den Musikgesellschaften in Padua und Neapel, selbst in Tartinis Unterricht hatte er immer wieder erfahren, dass ein sicheres harmonisches Grundgerüst und eine schlichte Melodie weit mehr Eindruck machten, als eine noch so kapriziöse Verzierung. Er hatte Musik als Gefühl erfahren – ein Gefühl von Befreiung, von Losgelöstsein aus den Fesseln einer strengen und reglementierten Welt. Doch die Erziehung seiner Mutter gab ihm auch gleich das schlechte Gewissen dazu. „*Werd‘ bloß nicht wie dein Vater*“, hatte sie ihm immer und immer wieder gesagt. Und er konnte das verstehen, wenn er sah, wie sie sich abrackerte, wie sie von Sonnenaufgang bis Sonnenuntergang unermüdlich beschäftigt war. Fast ohne Pause arbeitete sie für die Familie, nur für die klar abgesteckten Gebetszeiten blieb sie stehen und wandte sich dem Kreuz zu. Setzte sich die Familie zu Tisch war sie die letzte, war das Essen zu Ende die erste, die wieder aufstand. An langen Winterabenden hatte sie immer eine Handarbeit zu tun, flickte Wäsche, strickte, häkelte oder spann. Kein Gang im Haus war leer oder unnütz, streng achtete sie auf Ordnung und Sauberkeit und für alles, was ausgedient hatte, fand sie noch eine zweite oder dritte Verwendung. Doch so sehr sie sich auch mühte, immer wieder gab es Zeiten, in denen es nur

für das Nötigste reichte, wo der Vater als Helfer gebraucht wurde – und einfach nicht da war, unterwegs, bei Freunden, im Wirtshaus... Wer weiß, vielleicht auch einfach irgendwo im Stroh oder im hohen Gras auf den Elbwiesen bei einem friedlichen Schläfchen? *„Werd' bloß nicht wie dein Vater!"*, das war Mutters verständlicher Wunsch und dennoch, wenn Johann sich irgendetwas wünschte, war es, so zu werden wie er. Aber jedes Mal, wenn er etwas tat, was Vater Freude bereiten würde, hatte er das schlechte Gewissen der düsteren Prophezeiung, ein ebensolcher Tunichtgut zu werden wie Vater.

Musik war so eine Sache. Wenn Mutter sang, war es ein Choral oder ein erbauliches Lied mit einem Text, der von der Mühsal des Lebens und der Hoffnung auf ein paradiesisches Jenseits sprach. Mutter war sich sicher, dass sie sich mit Fleiß und Glauben einen großen Lohn im Himmel erwirtschaftete. Und jeder irdische Genuss würde ihr vom angesparten himmlischen Glück abgezogen werden. In dieser Überzeugung versuchte sie, ihre Kinder zu erziehen. Wenn Vater etwas anderes sagte, und ja tagtäglich auch vorlebte, war er ein verdorbener Mensch, etwas, wovor man sich hüten musste, dem man aus dem Weg gehen sollte, und er war ganz gewiss kein Vorbild.

Schlüsselerlebnis

Dennoch war es der Vater, der ihm eine wichtige Tür öffnete. An einem Sommertag 1752 kam Johann Gottlieb unverrichteter Dinge vom Unterricht heim. Lehrer Müllers Kuh kalbte, da musste er in den Stall, und der Unterricht fiel aus. Mutter Naumann wollte dem Jungen gerade die nötigen Hausarbeiten zuweisen, als Vater in einem Ton, der keinen Widerspruch duldete, den Jungen als Begleitung für seine Besorgungen in der Stadt einforderte. Johann Gottlieb war schnell dabei, froh der strengen Mutter zu entrinnen, auch, wenn die Töpfe mit den sauer eingelegten Gurken schwer waren.

Vater hatte sie günstig von einem sorbischen Bauern erhandelt, der am Vorabend noch bei Einbruch der Dunkelheit vom Loschwitzer Ufer übergesetzt hatte. Der Vater hatte den Bauern überzeugt, dass es sich nicht lohne, jetzt noch nach Dresden weiterzuziehen und ihm dann die Ware abgekauft. So konnte dieser am Morgen mit klingenden Münzen wieder heimwärts ziehen und Vater Naumann wusste, dass er die Gurken in Dresden gut verkaufen könne. Und jetzt hatte er sogar Johann Gottlieb dabei, der ihm beim Tragen half.

Vater und Sohn nahmen den direkten Weg zur Stadt, und schon in der Pirnaischen Vorstadt fand sich ein Gasthaus, das die frisch eingelegten Gurken gern aufkaufte. Mit einem Teil des Geldes erwarb er für den Blasewitzer Wirt, der ihm das Geld für die Gurken vorgeschossen hatte, wie verabredet etwas vom feinen Tuch, das es unweit des Gewandhauses günstig gab. Dann ging er noch zur Madame von K. in die Schlossstraße, um ihr das Schreiben von Janosch zu überbringen.

Janosch war ein guter Freund, der unterhalb der Feste Stolpen lebte und sich neben einem regen Handel mit Schnitzwerk ein gutes Zubrot verdiente, in dem er nicht-offizielle Depeschen aus der Festung in Richtung Dresden beförderte. Naumann war einer seiner Kunden, der immer wieder Schreiben oder auch kleine Geschenke an bestimmte Adressen in Dresden und nur an die Empfänger persönlich überbrachte. Vater Naumann fragte nicht, von wem oder für wen es sei, was er da transportierte. Er ahnte wohl, dass die Weinflaschen oft eine Flaschenpost enthielten oder im Plundergebäck nicht nur Sahne und Mehl waren. Er ahnte auch, dass er schon Briefe der Cosel zugestellt hatte. Aber all das wusste er nicht wirklich und wollte es auch gar nicht wissen. Und seinem Sohn sagte er es erst recht nicht. Premierminister Graf von Brühl war ein mächtiger Mann und hatte seine Spitzel überall. Einen armen Häusler auf Nimmerwiedersehen auf Königstein verschwinden zu lassen oder einfach mit einem Sack Steine um den Hals in der Elbe kostete ihn nur einen Federstrich.

Johann Gottlieb hegte überhaupt keinen Argwohn, als der Vater in der vornehmen Schlossstraße zu einer Madame von K. ging, weil er ihr einen Brief zustellen musste. Und als die Magd sagte, Madame sei in der Kirche, wollte der Vater den Brief partout nicht der Dienstbotin übergeben. Stattdessen nahm er den Sohn bei der Hand und zog ihn weiter. Sie gingen an der langen Schlossfassade entlang und durch das Georgentor. Geradeaus sah man die Brücke über das Elbufer auf eine breite Allee zulaufen. Der Vater erklärte seinem Jungen, dass dies der Weg zum Jagdschloss des Königs sei. Dann zeigte er seinem Ältesten die Hofkirche. Sie war erst im Vorjahr geweiht worden und hier und da standen noch Gerüste, aber die Schönheit und Größe des Baus war sehr beeindruckend.
Der Vater schien sich selber wie ein Kind zu freuen: *„Der König und seine Familie sind katholisch und ihre Gottesdienste sind ganz anders als die, die wir gewohnt sind – mit viel Licht, Glanz und Prunk, vielen bunten Gewändern."*
Er betrat mit seinem Sohn die Kirche. Gehört hatte Johann Georg Naumann schon vieles, sagenhaftes, unglaubliches, aber was er hier sah, übertraf die Erwartungen. Drei hohe helle Kirchenschiffe, denen die bunte Bemalung noch weitgehend fehlte, bildeten einen beeindruckenden, spannenden Kontrast zu den prunkvoll ausgestalteten Kapellen in jeder Ecke. Er hatte dem Sohn gesagt, sie sollten sich unauffällig bewegen und ganz leise sein. Doch nun war er es, der zischend seinen Sohn auf alles, was er entdecken konnte, aufmerksam machte: den rundum laufenden, breiten Gang, der alle Kapellen verband und die kleinen Holzhäuschen mit geschnitzten Verzierungen in den Nischen. *„Das sind Beichtstühle"*, flüsterte Vater Naumann aufgeregt, *„Da drin werden einem alle Sünden vergeben!"*
Dann zeigte er seinem Sohn die Lichtstrahlen, die durch die großen hellen Fenster auf die Säulen fielen. Durch den Rauch, der aus goldenen Kugeln, die am Altar geschwenkt wurden, aufstieg, erschienen sie wie quer in den Raum gelegte Balken. Dann den schwarz-weiß gemusterten Fußboden aus Marmor, der mit

Elbschiffen herbeigefahren worden war – das hatte er selber gesehen. Nun war es Johann Gottlieb, der seinen Vater bremste und ihm zu verstehen gab, er möge doch bitte leise sein. Der Vater verstummte, begann aber bald darauf wieder aufgeregt flüsternd auf seinen Sohn einzureden. Der Junge bedeutete dem Vater immer wieder, er möge nicht so viel erzählen. Er selbst war, kaum dass sie die riesige Innentüre geöffnet hatten und man statt der Stadtgeräusche nun den Gottesdienst und seine Musik hören konnte, vollkommen verstummt.

Als Vater Naumann am Ende des Gottesdienstes die Kirche verließ, schien sein Sohn vollkommen überwältigt. Er bekam kaum mit, dass sie bei Frau von K. den Brief bestellten, über den Neumarkt zum Pirnaischen Tor und dann heraus aus der Stadt, an den Lehmgruben der Ziegelei vorbei Richtung Osten, schließlich durch den Blasewitzer Forst bis nach Hause wanderten.

Als Vater der Mutter zu Hause von ihren Erlebnissen erzählte, schien Johann Gottlieb allerdings nichts von den tollen Dingen, die man hatte sehen können, in Erinnerung zu haben. Seine Antworten waren einsilbig und der Vater machte sich ernsthaft Sorgen, ob ihn vielleicht, schließlich waren sie als Protestanten in einer Papstkirche gewesen, ein böser Geist zwischen die Augen gesprungen sei. Doch nicht zwischen die Augen, in die Ohren war dem Jungen etwas gedrungen: Hasses Musik hatte ihn ergriffen und sollte ihn ein Leben lang nicht mehr loslassen.

In der Folge ging er immer wieder sonntags zum Hochamt in die Hofkirche in Dresden. Er verließ vor dem Frühstück das Haus und war erst nach dem Mittag zurück, so dass er die einzig wirklich gute Mahlzeit der Woche regelmäßig verpasste. Doch das machte ihm nichts aus – seine Sehnsucht zur Musik war erwacht und stärker.

Lärm und Stille

Naumanns Vater kannte Johann Gottliebs Wunsch, zu studieren und Musik zu machen. Er wusste auch, dass Lehrer Müller das gut hieß. Doch als Johann Gottlieb 12 Jahre alt war, hatte man ihm alles Nötige für einen Jungen seiner Herkunft eingetrichtert. Und Mutters Wunsch war es, der Junge möge für die Zukunft etwas „Richtiges“ lernen. Der Vater hatte nur wenig protestiert. Zwar versuchte er, seiner Frau zu erklären, Schulmeister sei doch eine gute Perspektive. Die aber hatte ihn abblitzen lassen. Das sei nichts Halbes und nichts Ganzes. Der klägliche Lohn sei zum Sterben zu viel, aber zum Leben zu wenig – man müsste vor allen und jedem seinen Diener machen, vor den Eltern der Schüler, vor den Beamten, den Herren und dem Allerhöchsten. Und wenn man dem einen nur allzu tief den Buckel beuge, zeige man dem andern gleichwohl den Allerwertesten. Nein, Johann solle etwas Rechtschaffenes werden. Der Großvater habe seine Beziehungen schon spielen lassen und der Schlossermeister am Pirnaischen Tor würde ihn als Lehrbuben wohl nehmen. Nach drei Jahren, wenn er anstellig sei eher, würde er einen guten Schlossergesellen abgeben. Dann könne er wandern, und so wie es scheine, würde man gute Schlossermeister hier wie dort und in Zukunft noch mehr als jetzt brauchen. So hatte die Mutter es sich vorgestellt, und ihr Mann vermied es, sich mit ihr zu streiten. Zumal Kindererziehung sowieso Weibersache war. So kam Johann Gottlieb 1753 zum Schlosser in die Lehre.

Die Werkstatt am Pirnaischen Tor war voller Lärm: Kindergeschrei und Geschirrklappern, Schleifgeräusche und Schmiedehämmer, das Fauchen des Blasebalgs, das Zischen von glühendem Metall im Kühlwasser, das Brüllen des Meisters und der ebenso laute wie falsche Gesang der Gesellen.

Naumann gefiel es hier nicht. Der Umgangston war rau. Als Lehrjunge wurde er von jedem hin und her geschickt – oft nur zum Spaß. Am Schlimmsten trieb es Mirko Jan. Der Bub aus dem Sorbischen war kaum älter als Johann Gottlieb und auch erst ein knappes halbes Jahr in der Lehre. Aber bislang hatte er all die groben Scherze und Boshaftigkeiten der Älteren ertragen müssen, und nun gab es einen, der noch niedriger in der Rangordnung stand.

Der Junge aus Blasewitz war das nicht gewohnt. Er hatte zuhause immer kräftig mit zupacken müssen. Wenn ihm etwas misslang oder etwas zu Bruch ging, war die Mutter natürlich mit Strafen nicht zimperlich. Auch für den Vater war es normal, mit handfesten Methoden zu erziehen. *„Wer sein Kind liebt, schlägt es beizeiten!“*, so war das damals, und Johann Gottlieb kannte es nicht anders. Aber bei den Eltern wusste man stets, woran man war. Beim Vater musste man aufpassen, wenn er am Abend zu lange in der Kneipe gewesen war und Mutter mit ihm deswegen geschimpft hatte. Dann ging man ihm besser aus dem Weg. Aber hier, bei den Fremden in der Schlosserei, da war das anders. Mirko Jan, mit dem er unterm Dach einen Verschlag mit Strohsack teilte, legte es darauf an, ihm eins auszuwischen. Und bereits in den ersten Tagen war es ihm mehrfach gelungen, einen Fehler, den er selbst begangen hatte, dem jüngeren Lehrbuben in die Schuhe zu schieben. Naumann litt darunter, doch er versuchte, das alles zu ertragen. Sein Vater hatte ihn, bevor er ihn dem Lehrmeister übergab, beiseite genommen. *„Johann Gottlieb“*, hatte er gesagt, *„Du weißt, dass du hier bist, um zu lernen. Deine Mutter wünscht es, dein Großvater ist stolz auf dich. Je schneller und je mehr du lernst, umso schneller ist die Ausbildung vorbei. Lehrjahre sind keine Herrenjahre!“*

Johann Gottlieb wollte es dem Vater Recht machen und der Mutter gehorsam sein. Deswegen ertrug er alles. Nur dieser schreckliche Lärm – das war nicht zum Aushalten! Schließlich sollte Naumann kaputtes Glas kleinschlagen und mörsern, damit man es als Flussmittel beim Löten verwenden konnte. Das splitternde Glas schnitt wie ein heißes Messer in seine Ohren und tat dem Jungen regelrecht weh. Er setzte mehrmals an, doch der Lärm machte ihm die Arbeit unmöglich. Er bat den Meister

um eine andere Arbeit, doch er wurde zu seinem Glasmörser zurückgetrieben. Schließlich waren Lärm und Stress so groß, dass er alles stehen und liegen ließ und nach Hause floh.
Zuhause angekommen, verlangte seine Mutter, die nicht einmal hören wollte, was dem Jungen widerfahren war, er solle sofort zurückkehren. Sein Vater schickte ihn aus der Stube, um mit ihr zu reden. Naumann hörte, wie sich die Eltern stritten. Es ging hoch her, zwischendrin wurde es still. Durch das Fenster konnte er sehen, dass Mutter weinte und Vater ihr den Arm um die Schulter legte. Dann aber schüttelte sie ihn ab und begann wieder heftig zu schimpfen. Johann Gottlieb sah, wie der Vater die Arme hob, den Kopf zwischen den Schultern. Er kannte diese Geste. Sie bedeutete, dass Vater den Widerstand gegen Mutters Willen aufgegeben hatte. Kurz darauf flog die Tür auf und Vater donnerte: *„Bursche – hierher!"* Das bedeutete nichts Gutes. Bursche sagte Vater nur, wenn er keinerlei Widerspruch duldete. Naumann trat in die Stube, am Vater vorbei Richtung Herd, aber sicherheitshalber blieb er außerhalb von Mutters Reichweite. Bevor die Tür krachend ins Schloss fiel, sah er im Schein der tiefstehenden Sonne die Tränenspuren auf Mutters Gesicht.
„So, Bursche", setzte der Vater an, *„das ist mein allerletztes Wort! Deine Mutter und ich erwarten von Dir..."*
Was jetzt passierte, konnte der Junge selber nicht fassen: Noch nie hatte er es gewagt, seinem Vater ins Wort zu fallen, und was er sich sagen hörte, war unglaublich: *„Wenn ihr mich zurückschickt, werde ich in die Elbe gehen. Ich stecke mir die Hosentaschen voller Steine und gehe dahin, wo das Wasser ganz schwarz ist und die Strudel sich gurgelnd im Kreise drehen. Dort tauche ich mit dem Kopf unter Wasser. Dann seid ihr mich los!"* Das war das Schlimmste, was er in diesem Augenblick sagen konnte. Sobald er laufen lernte, hatten ihn die Eltern vor der Elbe gewarnt, denn im Sommer oder im Winter, immer ist der Fluss gefährlich. Wie oft hatte die Mutter ihm Geschichten von Kindern erzählt, die zu nahe am Ufer gespielt hatten und erst viele Tage später weiß und aufgequollen in der großen Biegung

vor den Toren der Stadt, gegenüber der Ziegeleigruben angeschwemmt worden waren. Vater hielt nicht viel von Mutters abergläubischen Vorstellungen, dass ein böser Wasserdämon versucht, allzu unvorsichtige Kinder in die Tiefe zu ziehen. Aber auch er hatte seinen Sohn gewarnt. Da wo der Fluss dunkel ist, ist er besonders tief. Und die Strudel ziehen einen so stark in die Tiefe, dass man schon ein starker Mann sein muss, um sich daraus zu befreien. Und jetzt drohte Johann Gottlieb den Eltern mit genau dieser Gefahr, die sie immer beschworen hatten.
Sie schauten ihren Sohn fassungslos an. Die Augen der Mutter füllten sich erneut mit Tränen. Mit einem Satz war der Vater an der Tür, riss sie auf und wies ihn mit einer großen Geste in den Hof. *„Raus!*“, schrie er.
Naumann, von der Wirkung seiner Worte selber vollkommen überrascht, verließ die Stube. Wieder wartete er im Hof.
Inzwischen wurde es dunkel. Da hörte er von der Straßenseite des Hauses her eine Karre halten. Es war die Stimme des Altgesellen aus der Schlosserwerkstatt. Er war der Einzige, der sich an den üblen Scherzen nicht beteiligt hatte.
„He, Naumann!“, rief er, und Vater öffnet die Tür zur Straße, *„Ist euer Junge zu euch gelaufen? Ich könnte ihn wieder mit zurück nehmen. Ich werde mit dem Meister reden, dass er es mit der Strafe fürs Weglaufen diesmal nicht so streng nimmt.*“
Johann Gottlieb rutschte das Herz in die Hose. Dass er auch vom Meister eine Strafe fürs Weglaufen zu erwarten hatte, war ihm noch gar nicht in den Sinn gekommen. Mirko Jan hatte es ihm am ersten Abend vor dem Einschlafen mit genüsslicher Detailtreue erzählt, wie der Meister bestraft. Schläge mit dem Riemen auf den nackten Hintern oder der Faust auf die Nase waren da vergleichsweise harmlos.
In diesem Moment hörte Johann Gottlieb die Stimme seines Vaters: *„Nein, nein, das hat seine Richtigkeit! Meine Frau hat einen schlimmen Wind bekommen, die Augen tränen, sie kann derzeit nichts im Haus machen. Deswegen ist der Gottlieb hier. Er muss die Wirtschaft hier übernehmen. Sagt dem Meister un-*

seren Dank und Gruß. Aber unser Gottlieb wird hier gebraucht und kehrt nicht zu ihm zurück!"
Johann Gottlieb traute seinen Ohren nicht. Ihm fiel eine zentnerschwere Last vom Herzen. Als der Vater ihn, wieder mit einem drohenden „*Bursche!*", ins Haus rief, musste er sich Mühe geben, sich seine Erleichterung und seine Freude nicht anmerken zu lassen. Völlig gleich, welche Strafe und welche Aufgaben ihn nun erwarteten, er musste nicht zurück nach Dresden in diese furchtbare Schlosserei. Zur Strafe sollte er das Vieh hüten. Das war für einen Jungen in seinem Alter eigentlich eine Schande, so etwas machten normalerweise die kleinen Mädchen. Doch er genoss die Ruhe, die gänzliche Abwesenheit von Stress und Hektik. Und er hörte Vögel, Wasser, Glocken und Glöckchen. Vielleicht warf er Kieselsteine ins Wasser der Elbe, auf Schwemmholz, auf andere Steine, hörte ihre Töne, veränderte, reihte aneinander, entwickelte Melodie und Rhythmus. Naumann begann zu komponieren, ohne dass er wusste, was eine Komposition ist und welchen Regeln sie zu folgen hat.
Seine Eltern merkten bereits nach wenigen Tagen, dass ihre „Strafe" keinerlei Wirkung zeigte. Lehrer Müller, der seinen besten Schüler und Orgelvertreter natürlich beobachtet hatte und scheinbar genau wusste, wie es seinem Johann ging, traf eines Abends „zufällig" Naumanns Vater in der Wirtschaft. Gemeinsam überlegten sie sich eine Strategie, wie man Mutter Naumann einen anderen Bildungsweg für ihren Sohn schmackhaft machen könnte. Müller wusste, dass der Kreuzkantor immer musikbegabte Jungen für die Kreuzschule in Dresden suchte. Wenn Naumann keine Kost und Logis brauchen würde, sondern als externer Schüler am Unterricht und den Aufgaben in der Kurrende teilnähme, ließe sich da auch ohne finanziellen Aufwand etwas arrangieren. Der Unterricht an der Schule und insbesondere in der Musik solle hervorragend sein. Das schlagende Argument war schließlich, dass sie, Mutter Naumann, umso besser würde beten können, wenn Ihr Sohn in der Kirche dazu die Orgel spielte.

Kreuzschüler treffen Kapellknaben

Naumann kam endlich auf die Kreuzschule. Deren Schüler hatten das jahrhundertealte Privileg, zum schmalen Schuletat der Stadt durch Singen und Musizieren etwas hinzuzuverdienen. So sangen die Kruzianer im Gottesdienst, wofür sie der Kantor, damals war es Homilius, unterrichtete. Er machte das gründlich, je nach Begabung seiner Schüler. Naumann, das wusste Homilius von Lehrer Müller, der ihm, wie alle Kantoren der Gegend, immer wieder die besten Jungen vorstellte und so den singefähigen Nachwuchs sicherte, war begabt. Außerdem war Naumann fleißig, begierig zu lernen und hatte Spaß an der Musik. So fütterte ihn Homilius, gab ihm sorgfältig ausgewählte Noten, und Naumann übte zu Hause. Vater hatte ein einfaches Clavicin erworben und in der Stube aufgestellt.

Außer in den Gottesdiensten sangen die Kreuzschüler gegen Lohn auf Beerdigungen und bei Hochzeiten. Und sie zogen in kleinen Gruppen durch die Straßen, Hinterhäuser und Höfe. Während die Kurrende sang, mussten die Kleinen, die die Stücke noch nicht konnten und die Großen, bei denen sich die Stimme schon überschlug oder die nur noch mitbrummen konnten, treppauf, treppab laufen und mit den Hüten und Körben das Geld oder auch die Naturalien einsammeln, die die Bewohner den Jungen als Dank für die musikalische Abwechslung gaben.

Eines Tages war Naumann wieder mit einer Gruppe seiner Mitschüler unterwegs. Die weiten Kurrende-Mäntel verbargen nur schlecht die schäbige Kleidung. Die Jungengruppe, die ihnen gerade entgegen kam, war da viel besser ausgestattet. Die Kleidung zeigte, dass es sich um höfische Bedienstete handelte.

„*Kapellknaben!*“, zischte einer der Älteren verächtlich durch die Zähne. Doch um der Jungengruppe auszuweichen, war es zu spät. Auf Rufweite herangekommen begannen die „Höfischen“, die Kreuzschüler als „Bettler“ zu verspotten. Naumann war erschrocken und verwundert. Wie konnten diese Jungen, die das unverdiente Glück hatten, durch den Hof versorgt zu werden, die in dieser wunderschönen Kirche Dienst taten, die immer wieder diese herrliche Musik erlebten, vielleicht sogar mitsingen durften, derartig gehässig und überheblich sein? Oft hatte er in der Hofkirche gestanden, gelauscht und sehnsüchtig nach oben geschaut. Die Sänger und Musiker da oben waren ihm wie Engel erschienen. Doch was ihm hier entgegenschlug war nicht engelsgleich!

Sein Staunen dauerte einen Augenblick zu lang. Als er begriff, dass seine Freunde Fersengeld gaben und in die nächste verwinkelte Gasse davonliefen, war es für ihn schon zu spät. Er sah sich umringt von den „Höfischen", die ihn nach Strich und Faden verprügelten. Schwer angeschlagen und mit zerrissenem Mantel kam er abends heim. Entsetzt fragten ihn seine Eltern, was passiert sei und er erzählte sein Erlebnis. Die Mutter machte ihm Vorwürfe. Er habe sich den Kapellknaben nicht respektvoll genug gezeigt. Sie seien Hofangestellte und man müsse ihnen die gleiche Hochachtung zollen wie dem Herrscherhaus. Es gäbe halt Standesunterschiede und daran habe man sich zu halten.

Während sie versuchte, den Mantel zu flicken, nahm ihn sein Vater beiseite. Ohne dass es Mutter hören konnte, ließ er sich genau erzählen, was passiert war. Verwundert bemerkte er, dass sein Sohn nicht einmal versucht hatte, sich zu wehren.

„In der Bibel steht: Wenn Dir einer auf die eine Wange schlägt, halte ihm auch die andere hin!", rechtfertigte sich Johann Gottlieb. Vater Naumann lächelte und versuchte zu erklären, dass man das nicht immer wortgetreu umsetzen musste: *„Da steht auch ‚Aug' um Auge und Zahn um Zahn' und dass man ‚schlau sein soll wie die Schlangen'. Wehren darf man sich schon, sonst hauen die doch nur umso öfter zu.*"

Johann Gottlieb begriff, dass seine Mutter das wieder einmal ganz anders sah als der Vater. Aber er nahm sich vor, nicht mehr zum Prügelknaben der Anderen zu werden.

Wenige Tage später begegnete er in der Stadt einem einzelnen Kapellknaben, einem von den ganz kleinen. Naumann wollte an ihm vorbei, doch der hatte ihn erkannt. Obwohl er jünger, kleiner und ganz allein war, begann er, Naumann zu beleidigen. Dieser griff sich den Kleinen, der vollkommen verstört durch dessen Angriff war. Naumann genoss kurzzeitig das Gefühl der Macht über den ängstlichen Jungen, dann hatte sich dieser gefasst, boxte ihm in den Bauch und schlüpfte ihm durch die Beine. Naumann setzte ihm nach. Er schlitterte um eine Ecke und sah den anderen, der sich weinend an den Rock einer Hofdame klammerte. Naumann versuchte zu bremsen, stolperte, verlor das Gleichgewicht und stürzte. Deutlich hörte er es in der linken Hand knacken, als er den Sturz abfangen wollte. Mit schmerzverzerrtem Gesicht sah er, wie der kleine Kapellknabe getröstet und weggeführt wurde. Jahre später werden sich die beiden wieder begegnen. Da ist Johann Gottlieb Naumann, der Häuslersohn und ehemalige Kreuzschüler, ein in Italien ausgebildeter Musiker und Kirchenkompositeur. Und er wird dem jüngeren, Joseph Schuster, Sohn eines Hofkirchensängers und ehemaliger Kapellknabe, auf Weisung des Herrscherhauses zeigen, wie man in Italien Musik studieren kann. – Das alles wusste Naumann in diesem Moment natürlich nicht, nicht einmal, was mehr wehtat: der gebrochene Arm oder die Tatsache, dass dieser Junge liebevoll getröstet wurde, seine eigene Mutter aber nur barsche Worte für ihn übrighatte. Deshalb erzählte er ihr sicherheitshalber gar nicht, wie es zum Sturz gekommen war.

Mutter Naumann wusste, wie man so einen verknacksten Arm behandelte. Während der Vater noch einmal los musste, um aus den Ziegeleigruben Lehm zu holen, zerrte sie den Arm des vor Schmerz schreienden Knaben gerade, stabilisierte ihn mit Stöcken und umwickelte ihn mit Leinenbinden, die sie reichlich mit Lehm durchtränkt hatte. Nach einigen Stunden, in denen sich Johann Gottlieb nicht bewegen durfte, war der Lehm hart. Mehrere Wochen musste er nun diesen Verband tragen.

Die Ruhe zuhause störte Johann Gottlieb nicht. Nur konnte er nicht Klavier üben, weil die Mutter den ganzen Arm von der Schulter bis über das Handgelenk verbunden hatte. Das ärgerte ihn, doch wusste er, dass er mit allen Bitten bei Mutter auf taube

Ohren stoßen würde. So löste er täglich ein wenig vom Verband ab, bis nach einigen Tagen wenigstens die Finger frei waren und er wieder etwas üben konnte.

Eine folgenreiche Begegnung

Eines Tages kam der schwedische Geiger Anders Wesström, der wohl vom preiswerten wie guten Kuchen gehört hatte, nach Blasewitz. Um zu zeigen, dass er ein gebildeter und gewandter Künstler sei, blätterte er durch die Noten, die auf dem einfachen Klavier in der Naumann'schen Stube standen. *„Oho, sieh mal an: Bach! Jaja... - Wer spielt denn hier Bach?!"*, fragte er beiläufig. Zum ersten Mal war die Naumännin auf die musikalischen Fähigkeiten ihres Sohnes stolz: *„Der Gottlieb. Der spielt in der Kirche die Orgel. Wenn er nicht wie sonntags oft nach Dresden wandert, um die Musik in der Hofkirche zu hören. Und er ist Kreuzschüler. Das ist eine gute Schule. Homilius lehrt sie in der Musik. Von ihm hat er auch die Noten."* –*„Nun ja, das sind ... gute Studien-Materialien ... für Harmonielehre und Generalbass."* – *„Nein, der Gottlieb spielt das!"* Sie fühlte sich in ihrer Ehre angegriffen und verteidigte die außergewöhnliche Begabung ihres Sohnes. Allerdings war der Junge nicht da, um die Behauptung seiner Mutter zu beweisen. Auch beim nächsten Besuch des Schweden in Blasewitz war Johann Gottlieb unterwegs. Der Geiger bat die Mutter, der Sohn möge sich doch bei ihm im Hotel de Saxe, gleich bei der Frauenkirche, wo er Wohnung genommen habe, melden. Die Mutter war hin- und hergerissen. Schickte sie ihren Sprössling nicht zu dem Fremden, würde der behaupten, sie habe gelogen. Andererseits ihren Jungen zu einem fremden Künstler ins Hotel de Saxe, wo alle berühmten Leute residieren, zu schicken, war auch gewagt. Schließlich gewann ihr Vertrauen in die Güte des Menschen. Ein so vornehmer Herr wie Wesström könne nur Gutes im Schilde führen! Sie legte ihrem Sohn die besten Sachen bereit und hieß ihn, in der Mittagspause, in der Naumann sonst sein mitgebrachtes Brot auf den Stufen der Frauenkirche verspeiste, im prominenten Haus nach dem schwedischen Geiger zu fragen. Johann Gottlieb Naumann ging wie aufgetragen an den vereinbarten Ort.

Der Geiger fühlte sich angesprochen von Naumann, wohl weniger von seinen pianistischen Fähigkeiten, sondern mehr von seiner spontanen Offenheit und musischen Empfindsamkeit. Es entstand sofort eine spannungsvolle Beziehung. Wesström war soweit Künstler, dass er ahnte, welche Begabung ihm da gegenübertrat. Und Naumann sah in Wesström erstmalig einen Musiker in Reichweite – einen Mann, der wie sein Vater das Leben genoss und mit Musik und Schönheit einen Lebensbund eingegangen war und dem seine Mutter, die ihn ja hierher geschickt hatte, mit Respekt und Achtung begegnete, der in ihren Augen einen erstrebenswerten Stand hatte.

Wesström machte ein ungewöhnliches Angebot: Er wollte Naumann mit nach Italien nehmen. Dort könne er Musik studieren und ihn bei Konzerten begleiten.

Johann Gottlieb war sofort begeistert. Hier in Blasewitz, auch auf der Kreuzschule, hielt ihn nichts. Naumanns Vater blieb aus gutem Grund mit seiner Meinung hinter dem Berg. Und Naumanns Mutter war gegen die Italienreise ihres Sohnes. So obrigkeitsgläubig sie auch war und keinen Anstoß an dem vornehm auftretenden Reisenden nahm, so gut kannte sie doch die Menschen. Es wird ihr aufgefallen gewesen sein, dass Wesström kein selbstloser Gönner, sondern eher ein selbstgefälliger Egoist war. Und außerdem wusste man in Künstlerkreisen nie, wie genau man es mit der Moral nahm. Man redete ja die unglaublichsten Dinge! Und außerdem: Italien war katholisch. Würde Johann Gottlieb da nicht vom rechten Glauben abkommen?

Doch da wusste sie der Schwede zu trösten. Er selber sei auch reformierten Glaubens und unter Musikern sei ein Religionsstreit unüblich. Die Mutter wurde etwas ruhiger. Sie musste nachdenken. Schließlich war in Sachsen Krieg. Die preußischen Truppen hatten Dresden besetzt und rekrutierten rücksichtslos unter den jungen Männern. Als die Werber das letzte Mal in der Schule waren, wurden zwei von Johann Gottliebs Mitschülern eingezogen. Er selbst war noch eine Handbreit unter dem Gardemaß, aber wenn er so weiter wachsen würde, und gerade schoss er regelrecht in die Höhe, würde ihn das nicht mehr schützen.

Den Preußen entkommen

Vor vierzehn Tagen hatten Naumanns Eltern drei Tage um ihren Sohn gebangt, weil er nicht nach Hause gekommen war. Der Junge war, um den Soldaten auszuweichen, zum Nachhauseweg aus der Schule über die Brücke am Schloss auf die andere Elbseite gewechselt. Dort, am steileren Elbufer, wollte er bis Loschwitz laufen, um sich mit der Fähre nach Blasewitz übersetzen zu lassen. Doch es war genau die falsche Entscheidung gewesen: In der Elbbiegung kämpfte sich ein preußischer Tross mit einem schwer beladenen Nachschubkahn ab, den sie stromaufwärts an langen Seilen ziehen mussten. Kurzerhand zwangen sie den daherkommenden Burschen, ihnen zu helfen. Naumann hatte keine Alternative, als zwei Tage lang das Schiff bis Königsstein zu bomätschen. Dann musste er noch einen Tag zurückwandern, bis er wieder in Blasewitz war.

Diese drei Tage ohne ihren Sohn, ohne Nachricht, ohne zu wissen, was mit ihm sei, und in der anhaltenden Angst, er sei überfallen worden oder ins preußische Heer gepresst, was mindestens ebenso schlimm war, steckten Naumanns Mutter noch tief in den Knochen und sie wusste, dass diese Gefahr weiter bestand. Die Preußen hatten einige Kreuzschüler zum Dienst eingezogen, sodass auch Naumann jederzeit dieses Schicksal ereignen konnte. So willigte sie in die Italienreise ihres Sohnes mit Wesström ein.

Und für Naumann begann ein völlig neues Leben.

Abschied vom Vater

So wurde der Junge mit dem Nötigsten ausgestattet. Sein Vater begleitete ihn nach Dresden. Er wollte dem Schweden, gegen den er ein noch tieferes Misstrauen hegte als seine Frau, nicht begegnen. Es war ihm zu schwer ums Herz. Er wusste von der Sehnsucht des Jungen, und er wusste um die Gefahren, die ihm hier in Dresden von den Preußen drohten. Aber er befürchtete, dass er seinen Ältesten nicht wiedersehen würde. Der Junge war ihm ans Herz gewachsen. Freilich, sie hatten noch die anderen Kinder. Die konnten auch ganz gut mit anfassen. Aber mit Johann Gottlieb war es anders. Der Junge war anders. Er wollte ihm noch so vieles sagen: über das Leben und die Frauen, über Moral, so von Mann zu Mann. Doch als sie an der Frauenkirche ankamen, konnte er ihn nur in die Arme nehmen. Er drückte ihm das Geld in die Hand, das er am Vorabend im Gasthaus eingespielt und zu Hause nicht abgegeben hatte. Und während er, ganz entgegen seiner Art, auf dem Weg bis hierher schweigsam gewesen war, begann er nun zu reden: *„Pass auf dich auf, mein Großer und bleib ein guter Christenmensch. Lass dich nicht blenden vom Glanz der Welt, sondern schau auf das Wesen der Menschen. Ehrlichkeit! Und denk immer daran, wo du herkommst.*"

Johann Gottlieb hatte seinen Vater so noch nie erlebt und begriff, dass dies ein wichtiger Moment war. Dem großen, kräftigen Mann standen Tränen in den Augen, er wandte sich ab, um sie zu verbergen.

In diesem Augenblick erschien in der Tür des Hotel de Saxe Wesström im Reisemantel und schaute sich nach Naumann um.

„Mach ich, Vater!", rief der Junge und musste sich bremsen, nicht wie wild zu Wesström zu stürmen. Er zwang sich, in zügigem, aber gemessenem Schritt über den Platz zu gehen.

Hätte er sich umgedreht, hätte er gesehen, wie sein Vater die Hände ringend hoch zum Kreuz der Frauenkirche schaute, ein stilles Gebet hinter den verbissenen Lippen murmelnd.

Bei den Hanseaten

Der Geiger aus Schweden fuhr mit dem jungen Naumann nicht direkt Richtung Italien, sondern die Reise ging zunächst nach Hamburg. Dort sollte ein Scheck aus Schweden auf Wesström warten, um die Reisekasse aufzufüllen. Überraschend fand Wesström in der Hansestadt aber keine Nachricht vor und brachte den Jungen erst einmal bei einem Bekannten unter.

Was anfangs als Quartier für ein paar Tage gedacht war, wurde zu einer Dauerlösung. Tatsächlich hatte Wesström ohne eigene finanzielle Mittel offenbar sehr schnell das Interesse an Naumann und der Italienreise verloren, da er natürlich auf die Gelder aus Schweden angewiesen war, und mit Konzerten konnte er nicht die erhofften Einnahmen erzielen.

So war Naumann plötzlich auf sich allein gestellt. Doch er konnte Klavier spielen und hatte in der Loschwitzer den Kantor beim Orgelspiel vertreten. Insbesondere seine musikalische Bildung, als Sänger in den Kurrenden, die Kenntnis von Noten und die Fähigkeiten am Klavier halfen ihm. Sein Gastvater leitete eine Erziehungsanstalt und zog Naumann nun als Klavierlehrer für seine Zöglinge heran. Im Gegenzug erhielt Naumann ein kleines Honorar und Kost und Logis. Außerdem begann Naumann mit großem Geschick und Genauigkeit, in gut leserlicher Schrift und dennoch sehr schnell, Musikstücke abzuschreiben. Mit Notenkopieren, Orgeldiensten und Unterrichten konnte er sich notdürftig über Wasser halten.

Außerdem lernte Naumann Bratsche spielen. Nur wenige Musiker waren bereit, dieses Instrument zu erlernen, da man mit diesem Begleitinstrument nicht glänzen und brillieren konnte. Doch für das Ensemblespiel war die Viola unabkömmlich, und die Stücke klangen nur halb so gut, wenn diese wichtige Harmoniestimme fehlte. Naumann lernte schnell, und seine musikalische Empfindung, sein geschultes Gehör und eine solide Fingerfertigkeit machten ihn bald zu einem gern gesehenen Gast bei musikalischen Runden.

Naumann hatte schon ernsthaft erwogen, das Angebot einer Hilfskantorenstelle anzunehmen und beim Musikus der Hauptkirchen in die Lehre zu gehen, als Wesström sich, fast ein Jahr nach ihrer Ankunft in Hamburg, zurückmeldete. In einem Billet verlangte er von Naumann kurz und knapp, sich zu einem bestimmten Zeitpunkt wenige Tage nach Erhalt des Briefes in Braunschweig einzustellen, um die gemeinsame Italienfahrt „fortzusetzen".

Wem immer er in Hamburg von dieser Anweisung erzählte, der riet ihm ab. Man bat ihn zu bleiben, lockte mit Angeboten. Doch Naumann hatte der Mutter in die Hand versprochen, dem Herrn Wesström in Allem folgsam zu sein. Und was man seiner Mutter in die Hand versprochen hat, das lässt man nicht wankelmütig fahren.

Die schöne Magd in Braunschweig

So machte er sich auf den Weg gen Braunschweig. Er hatte nur eine ungefähre Vorstellung, wo die Stadt lag, keine Ahnung von den Wegen, von Entfernungen und Gefahren, nur gänzlich unpassende Kleidung und so gut wie kein bares Geld. Am ersten Tag wäre er beinahe den Werbern einer Soldatenkolonne in die Hände gefallen. Wer weiß, welchem der kriegführenden Fürsten er dann hätte dienen müssen. Und es trieb sich ganz anderes, kaum vertrauenswürdigeres Gesindel durch die Straßen und über Land. So beschloss Naumann, künftig nachts zu wandern. Das war der Orientierung wenig hilfreich. Die Wege waren schmutzig, der weiße Kragen war bereits am zweiten Tag starr von Staub und Schweiß, dass er sich den Hals wund rieb. Die feinen Schuhe, die er sich vom Ersparten gekauft hatte, lösten sich an den Nähten auf und ans Barfußgehen war er nicht mehr gewöhnt. Außerdem sah es unschicklich aus, mit Seidenhosen ohne Schuhe zu laufen. Am dritten Tag kam zudem der Regen. Der Staub wurde zu Schlamm, auf dem er rutschte. Zweimal

stürzte er. Sein Wams war dreckverkrustet und der Rock in der Naht am Rücken aufgetrennt. Inzwischen hatte er gänzlich die Orientierung verloren, er meinte, längst da sein zu müssen. War er, immer gen Mittag gehend, riesige Bögen um Militärposten schlagend, vielleicht bereits an Braunschweig vorbeigelaufen?
Als eine Kutsche vorbeifuhr, winkte er, um hinten aufsitzen zu können. Aber bei seinem Anblick hielt das Fräulein in der Kalesche zu zügiger Weiterfahrt an. Das schadenfrohe Lachen des Fräuleins klang noch lange in ihm nach.
Wie auch immer: Naumann kam schließlich völlig entkräftet in Braunschweig an und war froh und erleichtert. Angst, Hunger und Umwege würden nun mit Wesström zu Ende sein. Aber Wesström empfing ihn nicht mit offenen Armen, sondern brüllte ihn an, dass er einen Tag zu spät sei!
Naumann, der völlig verdreckt und erschöpft vor ihm stand, musste eine Standpauke und einen wütenden Schlag ins Gesicht ertragen. Morgen nach dem Frühstück wolle er, Wesström, aufbrechen und er, Naumann, möge gefälligst da sein und zwar in einem genehmeren Aufzug, um seine Anweisungen entgegen zu nehmen. Dann knallte Wesström die Türe zu und ließ Naumann einfach stehen.
Da stand er im Hof, erschöpft, mittellos, beschimpft und geschlagen, mit einem unausführbaren Auftrag. Wo sollte er sich waschen, wo schlafen, wie etwas zu essen und woher neue Garderobe bekommen?
Die Magd des Wirtes hatte den Wutausbruch Wesströms erlebt und konnte eins und eins zusammenzählen. Sie brachte Naumann in die Tenne. Gegen alles Geziere zog sie ihn aus, um die Wäsche zu waschen, gab ihm zu essen und zu trinken. Während sie über den Waschtrog gebeugt arbeitete und Naumann aß, beobachteten sie einander, die junge Frau mit erhitztem Gesicht, kräftigen Armen und der wogenden Brust, die Naumann sichtlich beeindruckte. Sie bemerkte das mit Vergnügen und blies sich fast neckisch die blonde Haarsträhne, die unter der Haube hervorgerutscht war, aus dem Gesicht. Sie redete und redete fast

ununterbrochen, um jegliche Peinlichkeit zu vermeiden. Naumann antwortete kurz zwischen den Bissen Brot und Grütze und kräftigen Zügen aus dem Becher. Nach der Wäsche wurde Naumann selbst im Zuber gewaschen, für die Magd ein verheißungsvolles Vorspiel auf etwas, was dann nie passierte, weil Naumann schlicht eingeschlafen war.
Am nächsten Morgen fand er seine Sachen sauber und geflickt, sogar ein Stück Brot und eine Flasche Wasser lagen dabei. Allerdings waren die glänzenden metallenen Knöpfe seines Rockes durch hölzerne ersetzt worden.

Mit Wesström in Italien

Wesström war tatsächlich nicht der Gönner, für den Naumann ihn anfangs hielt. Sie waren jetzt zwar in Italien, aber von einer Musikerausbildung für Johann Gottlieb war nicht mehr die Rede. Naumann war sein Diener geworden, musste putzen, kochen und Besorgungen machen. Statt Lohn und Dank erhielt er Vorhaltungen und Beschimpfungen. Naumann ertrug alles. Er hatte seiner Mutter versprochen, dem Schweden treu zu dienen, und Wesström erinnerte ihn in seiner unbekümmerten, spontanen Lebensart an seinen Vater. Naumann fügte sich somit in die Rolle, die ihm seine sich aufopfernde Mutter als Lebensmaxime vorgelebt hatte.

Student in Padua

Er war noch keine zwanzig Jahre alt. Bereits seit einigen Jahren war er mit Wesström in Italien, wo dieser seine musikalische Ausbildung vervollkommnete. Naumann selbst hatte dafür weder Zeit noch Gelegenheit, da er Wesström den Haushalt führen musste, Essen und Kleidung versorgte und Noten kopierte. Da er sich dabei höchst korrekt und schnell erwies, organisierte Wesström, dass auch seine Studienkollegen, später dilettierende Bürger und ganze Musiziergesellschaften ihre Notenabschriften gegen Entgelt bei ihm in Auftrag gaben. So schrieb Naumann Noten über Noten. Oft, wenn er die fertig kopierten, in saubere Päckchen verschnürten Exemplare den Auftraggebern zustellte, bekam er neue Aufträge mit, manchmal auch die Bezahlung. Er hatte kein schlechtes Gewissen dabei, diese gleich für sich zu behalten, musste er sie doch sowieso für die Besorgung des täglichen Unterhalts, neuen Papiers, für Federn und Tinte ständig Geld zur Hand haben. Naumann hatte schnell bemerkt, dass Wesström mit Geld nicht umgehen und haushalten konnte. Wie er zu Geld kam, gab er es auch aus. Er konnte mit seinen

Freunden an einem Abend den Ertrag eines ganzen Monats harter Kopierarbeit vertrinken. Er erinnerte Naumann an seinen Vater, der, oft zum Ärger der Mutter, hart Erarbeitetes bedenkenlos genoss. Wesström weigerte sich, leinene Sachen zu tragen und Kleider und Schuhwerk reparieren zu lassen. Naumann musste sich selbstverständlich mit den einfachen Dingen und den Resten begnügen. Und es schien wie eine Ironie des Schicksals, dass ausgerechnet seine gestrenge Mutter ihn gegenüber Wesström zu Gehorsam verpflichtet hatte.
Ganz anders als sein Vater war Wesström ein Egozentriker, der auf Kosten anderer lebte und für das eigene Wohlergehen eiskalt berechnend andere zahlen ließ. Naumann bemerkte dies erst viel zu spät. Und bis er sich endlich von ihm lösen konnte, sollten noch viele, qualvolle Monate vergehen.
Wesström hatte man als geselligen Menschen gern zu Gast. Er fühlte sich in Gesellschaft wohl und brillierte gern als Musikus und Erster Schüler des Maestro Tartini. Um auf diesen Gesellschaften und in den regelmäßigen Musik-Akademien auftreten zu können, brauchte er einen zuverlässigen Begleiter. Naumann hatte in Dresden auf der Orgel und dem Klavier gespielt, wohl auch mal in Vaters Zink geblasen. In Hamburg hatte er die ersten Erfahrungen mit der Viola gemacht. Wesström unterrichtete ihn, korrigierte den Fingersatz, gab Anweisungen für den Einsatz des Bogens. Naumann, der durch seine Kopistentätigkeit die Funktion der Bratsche im Streichensemble genau kannte und bereits als Kreuzschüler die Grundregeln der Harmonik gelernt hatte, war ein gelehriger Schüler. Schnell hatte er den Stand erreicht, der ihn hier, wo sich Musiker aus aller Welt trafen, bei zahlreichen musikalischen Veranstaltungen als Harmoniestimme unentbehrlich machte. Hierfür hatte er sich einen alten Rock Wesströms und von einem musikinteressierten Schuster die noch aus Hamburg stammenden Lederschuhe aufarbeiten lassen. Es gab wenig, was man dem freundlichen und immer bescheidenen Sachsen abschlagen konnte. Nur Wesström hatte keine Ahnung, wie oft er davon profitierte, dass

man dem Jungen so gewogen war. Wesström sah sich gern als brillierender Geigenvirtuose. Tage und Nächte übte er, um die Läufe noch schneller, die Lagenwechsel noch rasanter zu beherrschen und mit den ausgefallensten Bogentechniken ungewöhnliche Klangeffekte zu erzeugen. Immer und immer wieder jagte er über die Sechzehntel, versuchte sie mit Trillern und Doppelgriffen noch komplizierter und aufwändiger zu gestalten. Als Tartini, der alte Lehrer, ihn eines Tages zu bremsen versuchte, ihm vorschlug, das Tempo herauszunehmen, sich auf die grundlegende Melodie zu besinnen, hatte sich Wesström unglaublich exaltiert.

Im Grunde war der Schwede nicht hier, um etwas zu lernen. Ihm war es wichtig, sich als Tartinis Schüler bezeichnen zu können. Er wollte etwas gelten, nicht etwas erarbeiten. Dabei überschätzte er oftmals die eigenen Fähigkeiten. Jetzt meinte er doch allen Ernstes, Tartini würde ihm das Training virtuoser Fähigkeiten verbieten, um ihn als Konkurrenten zu verhindern. In dem weisen Rat des erfahrenen Musikers, der ihn zum Wesen der Musik führen wollte, sah er eifersüchtige Selbstsucht, die ihn selber bewegte. Selbst als Naumann Wesström Jahre später in Schweden wieder traf, nach vierzig Jahren als Musiker in verschiedenen Kapellen, musste er feststellen, dass der Schwede das Wesen der Musik immer noch nicht erkannt hatte.

Wesström bemerkte allerdings, dass ihn Freunde und Kollegen wegen seines rüden Umgangstones mit Naumann kritisierten. Daher beschloss er eine Veränderung des Status. Er hatte erfahren, dass deutsche Studenten in Padua ein Stipendium erhielten. Naumann müsste sich lediglich mit einem kleinen wissenschaftlichen Traktat bewerben, dieses erfolgreich verteidigen und schon würde er eingeschrieben werden und, ganz gleichgültig wie intensiv oder erfolgreich er dann tatsächlich studierte, regelmäßigen Unterhalt ausbezahlt bekommen. Das war doch einfach, meinte Wesström und wies Nauman an, die entsprechende Arbeit zu verfassen.

Naumann war intelligent und fleißig, aber seine Schulbildung

eher dürftig. Im protestantischen Sachsen war selbst an der Kreuzschule die Ausbildung in Latein eher mangelhaft. Ohne die verschiedenen Kontakte, die er durch Musikgesellschaften und das Notenkopieren hatte, wäre er chancenlos gewesen. So schrieb ein Freund das Traktat und Naumann lernte die zur Verteidigung nötigen Sätze auswendig. Den einfachen und direkten Weg zu gehen, Wesström von seinem unguten Gefühl wegen dieses Betruges zu erzählen und dem leichtlebigen Gefährten endgültig die Gefolgschaft zu verweigern, getraute er sich nicht.
So wurde Naumann Student und musste sein Stipendium natürlich an Wesström abtreten, der sich permanent in Geldnot befand.

Die schöne Nonne

Zum Ärger von Wesström besuchte Naumann tatsächlich verschiedene Vorlesungen. Anschließend zog er mit seinen Kommilitonen durch die Stadt bis er sich, von ihnen unbemerkt, davon und zu seinen häuslichen Pflichten schleichen konnte. Bei einem dieser Wege kam die Studentengruppe an einem Nonnen-Kloster vorbei. Ein Teil der Klostermauer war eingestürzt und die Novizinnen und Klosterschülerinnen schielten ebenso neugierig zu den auf der Straße vorbeiziehenden Studenten wie diese auf die Bewohnerinnen der sonst streng abgesonderten Welt. Man kam sich näher und aus ein paar zugerufenen Bemerkungen wurden schnell erregt schwatzende Gruppen.
Naumann stand etwas abseits. Es wäre eine gute Gelegenheit gewesen, sich unauffällig von den Kommilitonen abzusetzen, doch auch ihn hielt die Neugierde gefangen. Die Studenten unterhielten sich lebhaft mit den Novizinnen des Klosters. Genau wie er stand auch eine junge Novizin etwas entfernt von den anderen Klosterschülerinnen. Es waren nur wenige Blicke, die sie sich schüchtern zugeworfen hatten, sich sofort abwendend, wenn die Blicke sich trafen. Naumann war schüchtern und wagte

nicht sie anzusprechen, aber dennoch war er am nächsten Tag wieder dabei und erblickte sie wieder etwas abseits stehend. Ihm sagte das flirtende, neckische Treiben eigentlich nicht zu.
Aber die junge Schwesternschülerin hatte ihn mit ihren fast schwarzen Augen und der stillen Traurigkeit in ihrem Blick tief gefesselt. Und auch ihr Blick schien den seinen zu suchen. Naumann verliebte sich unsterblich und schien auf Gegenliebe zu treffen. Doch bis die Angelusglocke die Mädchen wegrief, fand er nicht den Mut, sie anzusprechen.
In einer schlaflosen Nacht nahm er sich fest vor, am nächsten Tag diesen wichtigen Schritt zu gehen. Doch als er diesmal zur Klostermauer kam, war sie von Zimmerleuten provisorisch repariert worden, und ein neues Treffen war unmöglich – die Nonne war aus seinem Blick verschwunden. Und obwohl er nie mit ihr ein Wort gesprochen hatte, so begleitete ihn doch ihr Bild und die Vorstellung, was hätte geschehen können, sein Leben lang.

Bei Tartini

Eines Tages musste Naumann Wesströms Instrument zu Tartini tragen. Nachdem er es übergeben hatte, lauschte er dem Spiel hinter der Tür, ohne zu wissen, dass Wesström nebenan mit anderen Schülern, aber derzeit noch ohne den verehrten Meister und Lehrer spielte. Tartini kam und beobachtete Naumann, der mit Feuereifer den Übungen jenseits der Tür lauschte.
Tartini, ein kleiner, weißhaariger Herr Ende 60, beobachtete nun Naumann eine Weile, dann machte er sich bemerkbar. Naumann schreckte auf, ahnte aber nicht, den Meister selber vor sich zu haben. Dem vermeintlichen Diener erklärte er seine Situation. Der alte Herr nickte, schaute den Jungen wohlwollend an und fragte: „*Er will Unterricht bei Tartini? Soll er haben. Wenn er gut ist, auch ohne Salär.*“ Dann ging er Naumann voran in den Salon. Jetzt erst bemerkte der Junge, dass der „Diener“ in Wirklichkeit der Meister selber war. Am liebsten wäre er vor

Scham in den Boden versunken. Wesström und die beiden anderen Famuli im Zimmer brachen ihr Spiel ab und verneigten sich tief vor Tartini. Der sagte zu einem der Schüler: „*Gib Er dem Knaben das Instrument, ich will ihn hören. Wesström, Er spielt die zweite.*“
Tartini überging jeden Protest und auf sein Zeichen begannen Wesström und Naumann miteinander zu konzertieren, Wesström anfangs sehr vordergründig, übereifrig, Naumann zurückhaltend, fast schüchtern. Allmählich gewann Naumann aber an Sicherheit, übernahm die Führung und begann frei zu improvisieren.
Tartini erkannte sein großes Talent und gab ihm fortan freien Unterricht. Wesströms Eifersucht steigerte sich ungemein und er behandelte Naumann noch abfälliger, bis es schließlich zum Eklat kam: Tartini ergriff Partei für Naumann, und Wesström verließ fluchtartig Padua.
Naumann spielte nun bei vielen Konzerten auf dem Klavier, der Bratsche sowie dem Cello und wurde bald zum gefragten Begleiter.
So lernte ihn auch Giovanni Battista Ferrandini kennen, der als kurfürstlich-bayerischer Kapellmeister einst Lehrer von Maria Antonia Walpurgis war, die seit 1747 als Gattin des sächsischen Kronprinzen in Dresden auf die Thronfolge wartete.
Naumann begegnete in Padua auch Johann Adolph Hasse und seiner attraktiven Frau, der Sängerin Faustina Bordoni persönlich, und Hasse unterstützte den Dresdner so gut er konnte.
Später, in Venedig, soll er ihm sogar ein Klavier geliehen haben. Ferrandini und Hasse werden 1764 der sächsischen Kurfürstin auf deren Nachfrage Naumann für eine Anstellung am sächsischen Hofe empfehlen.
So warf manche Begegnung in Italien weit ihre Schatten voraus und sollte Naumanns Lebensweg später entscheidend beeinflussen.

Der rote Rock

1761 verließ Naumann zwanzigjährig Padua. Dort blieben ein ihm über alles gewogener Lehrer, Tartini, gute Freunde wie der Geiger Hunt, bei dem er nach der Trennung von Wesström gewohnt hatte, und sein Mäzen namens Streidt zurück. Der hatte zwar, wie Naumann berichtete, kein gutes Gehör, aber Freude an der Musik und machte Naumann großzügige Geschenke. Dennoch brach Naumann zusammen mit dem Cellisten Pitscher zu einer Reise durch Italien auf.

Pitscher war jünger als Naumann und bereits Mitglied der preußischen Hofkapelle. Naumann hatte allerdings mehr musiktheoretische Erfahrungen und konnte fließend Italienisch, woran es dem jungen Cellisten offenbar mangelte. Überall, ob in Neapel, Rom oder Bologna, fanden Pitscher und Naumann rasch Eingang in die musikliebenden Kreise und Lehrer, die sie musikalisch weiterbrachten.

Nach etwa einem Jahr wurde Pitscher zurück an den preußischen Hof gerufen, doch Naumann kehrte nicht nach Padua zurück, sondern ließ sich jetzt in Venedig nieder. Während er sich als Klavierlehrer sein Brot erwarb, war sein eigentliches Ziel natürlich das Komponieren einer Oper. Über schnell geknüpfte Kontakte, insbesondere zum alten Grafen Orsini-Rosenberg, der aus dem österreichischen Hochadel stammte und kaiserlicher Gesandter war, bekam er den Auftrag für ein Intermezzo. Mit Feuereifer machte er sich an die Komposition. Für das Theater komponieren zu dürfen, war wie ein Ritterschlag. Am Beginn der Karnevalssaison würde sein erstes Bühnenwerk gespielt werden. Schnell, aber doch mit Bedacht und unter Aufbietung aller erworbenen Kenntnisse, hatte er die Geschichte vom „gefährdeten Schatz“ in Musik gesetzt. Und mit dem Eifer eines Neulings war er immer wieder zu den Proben gegangen, hatte mit den Sängern geübt, Phrasierungen und Spitzentöne den Möglichkeiten der Sängerinnen angepasst und die Instrumentierung umgestellt, damit der Text besser verständlich würde.

Zwei Tage vor dem Premierentermin, man hatte ihm sein Honorar von zehn Zechinen bereits ausgezahlt, ging er durch die Stadt und sah Plakate, auf denen die Premieren der Saison angekündigt wurden. Und da stand sein Name schwarz auf weiß: Giovanni Amadeus Naumann. Wie stolz er war. Diese Premiere, diese erste Premiere, das würde sein großer Tag werden, das war der Durchbruch, der Lohn für die harten Lehrjahre. Würde es gefallen? Sicher! Es musste gefallen, die Leute würden applaudieren, seinen Namen rufen, er würde aufstehen und sich verbeugen. Aber wie würden ihn die Leute ansehen? Er konnte doch nicht in dieser schlichten Kleidung, mit der er tagein, tagaus durch die Gassen ging und bei den Schülern Unterricht erteilte, im Theater auftreten! Er brauchte eine Garderobe, einen besonderen Rock, etwas, das seinem neuen Stand gerecht sein würde. Schnell entschlossen ging er zu einem ihm bekannten Schneider, bei dem er schon manches Mal hatte etwas anfertigen lassen. Der kleine flinke Mann sprang vom Tisch, den er ans Fenster gerückt hatte, um darauf mit verschränkten Beinen sitzend an einem leinenen Hemd zu arbeiten. Im Herbeilaufen griff er sich seine etwas in die Jahre gekommene und aus der Mode geratene Perücke und stülpte sie über die kurzen dünnen Haare, wobei altes Puder aus ihr herausstaubte. *„Herr Naumann, welche Ehre!“*, murmelte er wenig überzeugend, griff sich eine Bürste und verschmierte die Puderreste auf dem Rock. *„Ich bin außerordentlich erfreut, sie zu sehen!“*

Naumann war klar, dass er dies zu jedem Kunden sagte und es bei ihm wohl das Gegenteil von ehrlich war. Verdienen konnte kein Schneider an ihm, denn er wusste sehr genau, welche Stoffe gut und langlebig waren und ob eine Naht sicher verkappt oder Knopf auf Spitze genäht war. Er kannte den Wert der Arbeit und die Preise und handelte überhöhte Kosten immer geschickt herunter. Wenn Naumann etwas kaufte, dann war es haltbar und gut. Der Schneider wusste hingegen, dass er ihn so schnell nicht wiedersehen würde.

Naumann hatte seiner Mutter oft genug zugesehen, wenn sie

Kleider ausbesserte, Kragen und Manschetten wendete, wie sie aus den von Wams und Rock verdeckten Stellen der Hemden Stücke entnahm, um sie an die dünnen oder verdorbenen Stellen im sichtbaren Bereich einzufügen. Schon in Hamburg hatte er dies anzuwenden gewusst, und in den ersten Jahren in Italien hatte er sich auf diese Art aus Wesströms abgelegten Anzügen eigene genäht. Der Schneider war Naumann deswegen nicht böse, denn Naumann wusste ebenso gute Arbeit zu schätzen. Aber er war eben kein Kunde, an dem es viel zu verdienen gab.
Heute war Naumann zum Plaudern aufgelegt. Viele Dinge, die er erlebte, Erfolge und Rückschläge, hätte er gern jemandem erzählt. Das hatte er schon zu Hause vermisst. Mutter hatte keine Zeit gehabt, ihm zuzuhören und dem Vater konnte man erzählen, was man wollte – denn das Meiste erzählte er selber. Und wenn er still wurde, dann war er oft nach wenigen Augenblicken eingeschlafen. So hatte sich Johann Gottlieb angewöhnt, alles mit sich selbst auszumachen. Nur manche Dinge waren zu groß, die sprengten einfach den Kopf, wenn man sie nicht weitererzählen konnte. Manchmal tat er das in Briefen, manchmal aber brauchte er jemanden, der einfach nur da war und zuhörte.
So hatten manche Beziehungen, ja Freundschaften begonnen. Viele Menschen, von Wesström über Tartini bis Pitscher, aber auch andere, hatte er betroffen gemacht mit dem urplötzlich auftretenden Bedürfnis, sich einfach alles von der Seele zu reden. Manchmal erntete er für diese frappierende Offenheit Sympathie und Zuneigung, andere belächelten ihn dafür. Wieder andere nutzten diese Offenheit aus, auch gegen ihn. Und immer wieder musste er erfahren, dass Menschen, denen seine Unumwundenheit in manchen Situationen anfangs gut tat, die sich selber in der Rolle des Eingeweihten gefielen, später, vielleicht enttäuscht, weil er auch anderen ebenso rückhaltlos von sich erzählte, dieses Vertrauen missbrauchten und das Erfahrene ausnutzten, um ihm zu schaden. So verschloss er im Laufe seines Lebens den Drang, sich zu offenbaren immer mehr in seinem Inneren.
Doch heute musste es einfach heraus, und so erzählte er dem

Schneider vom bevorstehenden großen Ereignis: Seine erste Oper wird im Theater gegeben!

Der Schneider verstand nichts vom Theater. Seine Musik war der Gesang der Gondolieri, wobei die natürlich ihre Melodien aus den Opernhäusern bekamen, und wenn sie eine Melodie aufgriffen, war der Komponist ein gemachter Mann. Vielleicht würde ja auch Naumann bald zu diesen gefeierten Männern gehören? Obwohl der brave Schneidermeister selber noch nie im Theater gewesen war, überzeugte er Naumann, dass er dafür etwas ganz Besonderes zum Anziehen brauchen würde. Er redete wie ein Wasserfall, zeigte verschiedene Muster und Farben, entwarf einen ganzen Kostümfundus. Naumann bremste ihn. *„Meister, ich bin deswegen noch kein reicher Mann. Ein neuer Rock, das muss reichen."*

Der Schneider verstummte in seinem Redefluss. Mit theatralischer Mine, die jeden von Naumanns Mimen in den Schatten gestellt hätte, besah er Naumann von oben bis unten: *„Jaaaa!"*, sagte er und dehnte die Silbe schier unendlich. *„Das verstehe ich. Aber das muss ja nicht jeder sehen! In Ordnung. Wir machen einen Rock. Nur einen Rock. Was haben Sie für Hosen, welche Farbe, welchen Stoff hat Ihr Wams?"*

Naumann trug in der Regel dunkle Kleider, dunkelgrau, schwarz und dunkelblau. Im Sommer hatte er einen hellen, leichten Rock dazu, jetzt im Winter war der Stoff etwas fester und wärmer. *„Prima!"*, rief der kleine Schneider begeistert. Ihm war der rote Samtstoff eingefallen, den ihm vor Jahren, als er seine Werkstatt eröffnet hatte, ein Händler aufgeschwatzt hatte. *„Etwas Ausgefallenes, für den exklusiven Kunden, den besonderen Moment!"*, hatte er damals gesagt. Aber bislang hatte ihn sich keiner seiner Kunden leisten können. *„Da habe ich etwas"*, sagte er und begann in seinen Stoffen zu kramen, *„Das ist genau das Richtige. Etwas Ausgefallenes, für den exklusiven Kunden, den besonderen Moment, für einen Maestro, für einen Compositeur, den aufgehenden Stern an Venedigs Opernhimmel"*, und er zog einen zusammengelegten und in Papierbahnen eingeschlagenen

Stoff unter all den anderen hervor. *„Es ist nicht mehr viel, Jacke wie Hose, nein, nein, wir haben ja schon gesagt einen Rock: Das wird die Blicke aller auf sich ziehen!*“ Und wie ein großartiger Zauberkünstler zog er einen purpurroten Stoff unter dem Papier hervor, legte ihn Naumann um, zog ihn vor den Spiegel. *„Sehen Sie das? Hören Sie den Applaus, sehen Sie, wie man Sie bewundert?!*“

Wenige Minuten später stand Naumann vor der Tür des Schneiders und hatte per Handschlag den Kauf des roten Samtrockes in Auftrag gegeben. Am Morgen der Karnevalseröffnung ging Naumann zum Schneider, der ihm das prunkvolle Kleid anpasste. Für die Hose, da, wo sie am Knie gebunden ist, spendierte er noch je eine blitzende metallene Spange, den Hut ließ er über dem Dampf kochenden Wassers kreisen, so dass er wieder fast wie neu aussah. *„Großartig!*“, lobte der Schneider sein Werk, *„Ausgezeichnet! Sie werden Eindruck machen.*“

Nach einer geschlagenen Stunde verließ Naumann, arm wie eine Kirchenmaus, aber herausgeputzt wie noch nie in seinem Leben, das Haus des Schneiders. Gezierten Schrittes, (wie ging man in einem so aufgebauschten, auffälligen Rock?), ging er durch die Straßen. Bis zur Aufführung war noch reichlich Zeit. Er stolzierte zu einem Plakat, das seine Premiere ankündigte, stellte sich davor in Pose und las.

Es war ein unglaublicher Augenblick des Triumphs. Er war einen Moment ganz allein, denn um diese Zeit war niemand in Venedig unterwegs, außer den Boten, die flink irgendwelche Dinge von einem zum anderen trugen. Alle kunstsinnigen Bewohner und Besucher Venedigs waren in ihren Häusern, ruhten sich aus und bereiteten ihre Garderobe für die erste große Nacht des Karnevals vor. Naumann, der noch nicht lange in Venedig weilte, war deswegen etwas verunsichert. Sein Hochgefühl verflog plötzlich, Zweifel machten sich breit. Kannte er die Venezianer? Würden sie mögen, was er komponiert hatte? Was, wenn sie heute Abend statt zu applaudieren zischen? Oder gar auf ihren Schlüsseln oder durch die Zähne pfeifen würden? Und ihn in seinem auffälligen roten Rock, würden sie ihn nicht verspotten und auslachen? Naumann hatte den federnden Schritt verloren, mit dem er noch kurz zuvor stolz auf sein neues Kleidungsstück und in Vorfreude auf seinen Erfolg durch die Gassen spaziert war. Nun ging er wieder mit diesem zügigen, geschäftstüchtigen Schritt, den er sich angewöhnt hatte. Er ist nicht hastig, aber bummelt auch nicht. Er übersieht nichts am Rande, ist nicht unaufmerksam, aber hat zuerst das Ziel im Blick. Ein Mensch, der so geht, wird von den anderen meist übersehen, man lässt ihn ziehen, fühlt sich nicht beobachtet und schaut auch selber nicht genauer hin.

Als er seine Wohnung erreichte, wurde er von seinem Wirt angesprochen, der ihn offenbar zunächst für einen Fremden hielt. Sobald er ihn erkannte, huschte ihm ein Lächeln über das Gesicht. *„Ach Sie sind das!"*, sagte er, und Naumann bemerkte den Unterton in seiner Stimme. Ohne eine Erklärung für seinen Aufzug stieg er die Treppe zu seiner Kammer hinauf und hörte noch, wie der Wirt seiner Frau etwas zuflüsterte. Wahrscheinlich, dass der Naumann nun endgültig verrückt geworden sei und wie ein Pfau in einem roten Rock einherstolzierte.

Wütend über sich selbst riss er sich den Rock vom Leib. Erst wollte er ihn aus dem Fenster werfen, doch dann tat es ihm um das viele Geld leid, das er ausgegeben hatte. Darum schlug er ihn in ein Betttuch ein, in der festen Absicht, ihn am nächsten Tag zum Schneider zurückzubringen. Doch auch diesen Gedanken verwarf er wieder. Dem Schneider einzugestehen, dass er sich von ihm habe beschwatzen lassen, etwas gegen seinen Willen, etwas gegen seine Überzeugung getan zu haben, dass er, der Sparsame, Geld für eitel Tand ausgegeben habe und dies nun bereue, nein, das wollte er dem Handwerker nicht eingestehen. Also rollte er den Rock zusammen und legte ihn in seiner Wäschetruhe ganz nach unten.

Für den Abend holte er dann seinen besten Sonntagsrock hervor und bürstete ihn so gut es ging auf. Selbst als am Abend das Publikum jubelte, bereits nach der Sinfonia den Meister zu se-

hen wünschte, fand er sich passend gekleidet. Auch bei späteren Premieren und festlichen Anlässen blieb er bei seiner unauffälligen, stets etwas dunkel und gedämpften Kleidung.
Eine Ausnahme gab es lediglich viele Jahre später in Schweden, als er sich, der Weisung des Königs folgend, wie alle Ballteilnehmer in der landesüblichen Tracht kleidete.
Den roten Rock trug er nie wieder. Aber er bewahrte ihn bis an sein Lebensende auf. Den wenigen, die ihn sahen, erklärte er, dass dieser Rock ihm beständige Warnung vor den Eitelkeiten des Lebens sei. Vielleicht war er aber auch die Erinnerung an seinen ersten großen Erfolg, den er allein, auf sich gestellt und ohne einen wirklichen Freund in Venedig erlebt hatte.

Wie gewonnen, so zerronnen

Spätestens mit der erfolgreichen Premiere war sein Name bei den Musikliebhabern bekannt und nicht nur die Zahl seiner Schüler stieg, sondern auch das Gehalt, das ihm für seinen Unterricht gezahlt wurde. Auf seinen Wegen durch die Stadt kam er nun regelmäßig an einem Casino vorbei, und eines Tages betrat er mit den klingenden Münzen vom Lohn für die letzte Unterrichtsstunde diesen Spielsalon.
Zunächst hielt er sich beobachtend im Hintergrund, hatte aber bald das Grundprinzip des Spiels verstanden. Also setzte er eine kleine Summe auf eine bestimmte Karte und gewann. Vorsichtig, wie er veranlagt war, nahm er den Gewinn an sich, ließ aber den Einsatz auf dieser Karte stehen. War es Glück oder Zufall, oder hatten die Spielmacher den jungen Mann in der schlichten Kleidung als potentielles Opfer erkannt? Jedenfalls gewann er mehrmals hintereinander mit immer der gleichen Karte, mit immer dem gleichen Einsatz. Nach einiger Zeit brach er das Spiel ab. Es war spät geworden und am nächsten Tag hatte er wieder Stunden zu geben. Die Familie von S. hatte einen sehr fidelen Sohn, dem der strenge Musikunterricht bei Naumann

weit weniger gefiel als seinen auf Erfolg bedachten Eltern. So waren die Stunden mit dem Knaben immer besonders anstrengend, weil er ständig andere Ideen hatte und nur mühsam zu anhaltendem Üben zu bewegen war. Um das durchzuhalten musste Naumann gut ausgeruht sein. Als er jedoch beim Verlassen des Casinos sein Geld nachzählte, hatte er seine Bargeldvorräte verdoppelt. Für einen Mann, der es gewohnt war, hart für sein Geld zu arbeiten und dennoch jede Ausgabe zweimal überlegen zu müssen, war das eine unglaubliche Glückserfahrung. In seinem Quartier angekommen musste er seinen Wirtsleuten sofort von dieser unglaublichen, ja fast wunderbaren Geldvermehrung erzählen.

In dem älteren Paar, das sich durch die Vermietung eines Zimmers etwas dazu verdiente und die sehr froh mit dem anständigen, zielstrebigen Musikus aus Sachsen waren, hatte er aufmerksame Zuhörer. Sie ließen sich seine Gewinnstrategie genau beschreiben und waren hoch erstaunt, wie unerfahren und dilettantisch er sich als Spieler angestellt hatte. Schnell kamen eine Karaffe einfachen Weins und ein Paket Spielkarten auf den Tisch. Es zeigte sich, dass die Wirtsleute nicht unerfahren im Spiel waren. Sie erklärten ihrem Gast sämtliche Finessen und wie man mit etwas Geschick und Risikofreude, anhaltendes Kartenglück natürlich vorausgesetzt, weit höhere Gewinne einfahren könne, als Naumann es mit seiner Methode geschafft hatte.

Nach diesem nächtlichen Nachhilfeunterricht in Sachen Glücksspiel war Naumann am nächsten Tag nicht der konsequente Lehrer, den sich die Eltern gewünscht hatten. Doch sein Schüler war von dem aufgelockerten Unterricht begeistert. Naumann spielte und sang ein Stück aus seiner neuen Oper vor und hielt den Schüler an, einfach mitzusingen. Der Junge, der vom Erfolg des Komponisten natürlich gehört hatte, griff die Melodie schnell auf und konnte sie gut nachsingen. Naumann begleitete ihn, die Zeit verging wie im Fluge und die ungeliebte Geige blieb für diesmal im Kasten auf dem Klavier.

Die Freude des Kindes über diesen aufregenden, stimmungsvollen und von unerwartetem Erfolg gekrönten Unterricht übertrug sich auf die Eltern, die dafür den Lohn etwas großzügiger auszahlten.

Auf dem Nachhauseweg kam Naumann geradezu zwangsläufig, oder hatten ihm seine vom Unterbewusstsein gesteuerten Beine einen Streich gespielt, wieder am Casino vorbei. Gewappnet mit dem Wissen der vergangenen Nacht, angeregt von der Begeisterung seines Schülers für seine Musik und ausgestattet mit einer Handvoll Münzen betrat Naumann den Spielsaal, ging zügig zu einem der Spieltische und versuchte erneut sein Glück. Erste Rückschläge, das hatte er gelernt, sollten einen Spieler nicht verschrecken. So spielte er weiter, obwohl er dieses Mal überhaupt kein Glück hatte. Was auch immer er versuchte, wie sehr er sich bemühte, die guten Ratschläge seiner Wirtsleute umzusetzen, es wollte sich kein Gewinn einstellen.

Irgendwann am Abend griff er in seine Rocktasche und musste feststellen, dass er seine ganzen Tageseinnahmen verspielt hatte. Vollkommen ernüchtert verließ er das Casino.

Wenn er in späteren Lebenssituationen diese Geschichte erzählte, folgte stets darauf die Feststellung, dass er seit diesem Tag nie wieder einen Spielsalon betreten hatte. Und auch sonst war er seit jenem Tag jedem Glücksspiel, selbst dem rein unterhaltsamen Spiel in geselliger Runde, grundsätzlich abgeneigt und vermied es konsequent.

Sehnsucht nach Zuhause

Naumann hatte trotz der vielen Eindrücke und Erfahrungen sicher Sehnsucht nach seinem Zuhause. Er war bodenständig aufgewachsen und liebte das Elbtal, Dresden, seine Eltern, die Menschen und die Sprache – all das zog ihn dorthin zurück. Aber solange in Sachsen Krieg war, das war ihm klar, war an eine Rückkehr nicht zu denken. Und wenn seine deutschen Musikerfreunde nach Hause fuhren, dann wurden sie schon erwartet. Nicht unbedingt von einer Familie, aber von einem Hof, bei dem sie unter Vertrag standen und in dessen Auftrag sie reisten. Meist waren die Auslandsaufenthalte nur zum Teil Studienreisen. Ein nicht unwesentlicher Auftrag lautete auch, künstlerischen Nachwuchs, insbesondere fähige Sänger und Sängerinnen zu finden und an den jeweiligen Hof mitzubringen.
Naumanns Situation war eine gänzlich andere. Nicht nur, dass ihn zu Hause niemand erwartete – außer der Mutter natürlich und dem Vater – er hatte derzeit auch kein Auskommen in der Heimat. Man konnte als Musiker, und etwas anderes hatte Naumann nicht gelernt, nur mit einer festen Anstellung bei Hofe gut überleben. Oft reichte das Salär als Lehrer oder Notenkopist allein nicht aus, aber als Hofmusikus hatte man ein solides Grundeinkommen und konnte durch Unterrichten, musikalische Akademien oder Benefizkonzerte dieses Gehalt aufbessern. Aber ganz ohne Stellung waren die Chancen in Dresden sehr ungewiss. Also musste Naumann in Italien bleiben und hier so lange lernen, bis seine Reputation ihm helfen würde, in Dresden – oder an einem anderen Hof, nur dahin waren die Kontakte noch spärlicher – eine Stelle zu bekommen. Seine Hoffnung richtete sich zunächst auf das Ende des Krieges. Dann würden Hasse und vielleicht auch Graf von Brühl jr. wieder nach Sachsen zurückkehren und sich dort vielleicht für ihn verwenden.
Das Jahr 1763 brachte schließlich den sehnsüchtig erwarteten Frieden. Allerdings verstarb der Kurfürst. Sein Sohn und Thronnachfolger Friedrich Christian war von anderem Schlag als der

Vater und Großvater. Diese hatten das Leben genossen, die Künste gefördert, koste es, was es wolle. Sie waren kleine Sonnenkönige gewesen, auch wenn sie die Gelder, die sie ausgaben, oft nur auf Pump bekamen. Gerade Friedrich August II., der Sohn des „Starken“, hatte sich um solche Bagatellen wie Politik und Staatsfinanzen nur ungern gekümmert und dies seinem Premierminister Heinrich von Brühl weitestgehend überlassen. Brühl hatte sich damit auch in Sachsen viele Feinde gemacht. Der langwierige Krieg und die anhaltende Besatzung durch die Preußen hatten das Land zusätzlich bluten lassen.

Nun hatte der neue Kurfürst Christian Pläne, wie man das Land wieder aufbauen und voran bringen könnte, bereits in der Tasche. Graf von Brühl starb im Oktober 1763, seine Familie fiel in Ungnade und wurde weitgehend enteignet. Seine Söhne mussten die restlichen Güter unter sich aufteilen. Dem jüngsten Sohn des Premierministers, Hans Moritz Graf von Brühl und seiner Frau Christiane, blieb beispielsweise nur das Rittergut Seifersdorf. Der Ertrag des Gutes war so gering, dass sich Hans Moritz von Brühl in preußische Dienste verpflichten musste. Auf eine Empfehlung durch die Brühls am Dresdner Hof konnte Naumann nun also nicht mehr hoffen.

Kurfürst Christian reformierte nicht nur das Land, sondern auch die Künste. Hasse, der mit seiner Frau nach Kriegsende nach Dresden zurückkehrte, wurde samt der italienischen Operntruppe entlassen. Damit war Naumanns zweiter Trumpf wertlos geworden. Dann starb Ende des Jahres plötzlich Kurfürst Friedrich Christian, und dessen noch minderjähriger Sohn wurde Thronfolger. Für die Zeit bis zur Volljährigkeit bestellte man seinen Onkel Franz Xaver und seine Mutter, Maria Antonia Walpurgis zu Vormündern und Administratoren. Darin sah Naumann seine einzige und letzte Chance. Die Kurfürstenwitwe war eine große Verehrerin der Künste und ganz im Geist des Augusteischen Zeitalters aufgewachsen. Sie war eine Wittelsbacherin, selber musikalisch sehr begabt. Ferrandini, den Naumann über Hasse und Tartini kennengelernt hatte, war ihr Lehrer am

bayerischen Hof gewesen. Nur solange sie noch etwas in Dresden zu sagen hatte, konnte sich Naumann Hoffnungen auf eine Stelle in der sächsischen Residenzstadt machen. Leider fehlte ihm aber jeglicher Kontakt, der eine Bewerbung bei ihr möglich machen würde.
Diese Überlegungen teilte Naumann seinen Eltern mit. Seine Mutter fasst kurzerhand einen Entschluss, erbat sich Noten von ihm und wollte selbst zur Kurfürstenmutter zu gehen. Sein Vater war strikt gegen diesen Vorschlag. Er war nie einem der Herren zu Kreuze gekrochen. Außerdem fühlte er sich zu alt und zu ungehobelt für einen solchen Auftrag.
Aber wie meist bei den Naumanns setzte er sich nicht gegen seine Frau durch. Und die Hoffnung, seinen Sohn doch noch einmal wieder zu sehen und in die Arme schließen zu können, ließen seinen Widerstand gegen das Unterfangen schmelzen.

Die Notensendung des Jünglings

Eines Nachmittags hatte die Naumännin die Kurfürstenmutter Maria Antonia Walpurgis nach der Kirche abgepasst und ihr die Noten ihres Sohnes übergeben. Nun, acht Tage später, drängte sie sich ihr wieder in den Weg.
Die Fürstin beruhigte die Leibgarde, die die arme Frau beiseiteschieben wollte, und hieß sie mitkommen. Das Notenpaket des Sohnes lag bereit und war offensichtlich studiert worden. „*Gute Frau*“, eröffnete die Fürstin, „*die Kompositionen sind vielversprechend, gut, eigentlich zu gut, als dass man glauben könne, Ihr Sohn...*“ – „*Wir sind arme, einfache Leute*“, fiel die Naumännin der Fürstin ins Wort, „*Aber wir sind keine Betrüger. Das sind Kompositionen meines Sohnes, der seit acht Jahren in Italien studiert und in Venedig schon eine Oper aufgeführt hat. Wir haben unseren Sohn ordentlich erzogen, er schickt Ihnen nichts...*“ – „*Gute Frau, wir glauben Ihr und Ihm! Nur sind diese Kompositionen so gelungen, dass wir meinen,*

vielleicht könnte einer seiner Lehrer…“ – *„Gnädigste Fürstin, es tut mir leid“*, sagte die Naumännin und versuchte, den Notenstapel zu greifen. *„Wenn Sie nicht glauben, dass mein Sohn rechtschaffen und der wirkliche Schöpfer dieser Musik ist, dann sind wir hier am falschen Platz!“*, sagte es und wollte mit den Noten davon. Die fielen in der Eile zu Boden. Mutter Naumann bückte sich und sammelte die Notenblätter auf.

Am Boden begegnete sie einer Hand, die nach ihrer griff, sie schaute auf und direkt in das Gesicht der Fürstin, die sich neben die Häuslerin gehockt hatte.

„Und wäre Ihr Sohn nur halb so begabt, wie diese Noten es verheißen, wegen Ihrer Courage müsste ich mich seiner Dienste versichern. Schreibe Sie Ihrem Sohn, er möge seine Sachen packen. Wir werden ihm das Geld für die Heimreise zukommen lassen. Seine Kunst wird uns so wichtig sein, wie Ihr der Sohn.“

Daraufhin richtete sie sich auf. *„Begleiten Sie die Frau nach Hause, die Noten kann sie beruhigt hier lassen. Und schicken Sie dem Naumann in Venedig unsere Einladung samt einer mit allem Nötigen versehenen Reisekasse.“*

Die Kurfürstenwitwe hatte natürlich Erkundigungen eingeholt und wusste, wer da an den Dresdner Hof kommen würde.

So kehrte Naumann 1764 als junger, erfolgreicher Mann und Komponist in seine Heimatstadt zurück. Es dauerte eine Weile bis Mutter Naumann begriff, dass der gutaussehende junge Mann in der gepflegten Kleidung, der eines Tages in ihrer Blasewitzer Stube stand, ihr eigener Sohn war. Es machte sie regelrecht schwindelig, was in den vergangenen sieben Jahren aus ihrem Jungen geworden war.

Von Dresden erneut nach Italien

Johann Gottlieb Naumann wurde zunächst Kirchenkompositeur. Mit einer Messe hatte er sich vorgestellt, dann komponierte er Kammerduette, die er seiner Gönnerin, der Kurfürstenwitwe widmete. Diese vermisste offenbar die italienischen Opernaufführungen, die mit Hasses Entlassung eingestellt worden waren. So sammelte sie nicht nur junge, talentierte Musiker an ihrem Hof, sondern ließ Naumann den sieben Jahre jüngeren Franz Seydelmann unterrichten, während der Hofkomponist Johann Georg Schürer den gleichalten Joseph Schuster lehrte.

Bereits 1765 schickte der sächsischen Hof Seydelmann und Schuster mit Naumann als erfahrenem Lehrer wiederum nach Italien, wohl in der Hoffnung, die jungen Musici würden hier zu Opernkomponisten nach Art des großen Hasse reifen. Naumann machte Stationen in Wien und Venedig, besuchte Hasse und Tartini. Der quälte ihn mit der Abschrift langer Zahlenreihen, die ihm enorm wichtig waren. Naumann schlussfolgerte aus der Geheimniskrämerei seines verehrten Lehrers eine immense Bedeutung dieses „Tartini-Codes" – vielleicht eine Erklärung der Welt oder der Schlüssel, wie man auf Erden Ruhm und Ehre und den Weg zum Paradies finden könne. Allerdings fuhr Naumann bald weiter nach Sizilien, wo er erstmals eine Opera seria komponierte und einen Achtungserfolg feierte.

Doch schon 1768 wurde er überraschend nach Dresden zurückbeordert. Naumann war es nicht mehr vergönnt, den „Tartini-Code" zu entschlüsseln, da sein Lehrer starb, bevor Naumann Gelegenheit hatte, noch einmal nach Padua zurückzukehren. Dass im 20. Jahrhundert der Code als simple Geheimschrift entschlüsselt wurde, ist ernüchternd, wenn man bedenkt, welche Bedeutung Naumann ihm beigemessen hat.

Grund für Naumanns plötzliche Rückreise 1768 nach Dresden war die Hochzeit des neuen Kurfürsten, der mit „La clemenza di Tito" ein Auftragswerk an Naumann vergeben hatte und noch einmal eine barocke Festlichkeit im Stile des Augusteischen

Zeitalters entfalten wollte. Selbst das seit Jahren nicht mehr genutzte Opernhaus am Zwinger wurde aufwändig wiederhergerichtet – allerdings aus Kostengründen direkt nach den Feierlichkeiten wieder geschlossen.

Nachdem auch Schuster und Seydelmann aus Italien zurückkehrten, wurde Naumanns Gehalt angehoben. Es zog ihn jedoch wieder in den Süden und er beantragte nochmals Urlaub nach Italien. Diesmal wollte er seinen Bruder mitnehmen, der beim ehemaligen Dresdner Hofmaler Mengs in Rom lernen sollte.

Auf der Hinreise machte Naumann Station in Nymphenburg, wo er auf die sächsische Kurfürstenwitwe Antonia Walpurgis traf. Sie hatte alle Begabungen, Künstlerin zu sein und der Kunst zu leben – sie sang selber und komponierte. Ihre Wittelsbacher Familie hatte weder Kosten noch Mühen gescheut, sie auszubilden. Hier in den Schlössern ihrer Kindheit lebte diese glückliche Zeit ein wenig wieder auf und man genoss die Theaterabende und Konzerte. Es müssen ausgefüllte Tage gewesen sein. Naumann musizierte mit der Fürstin, die einen berühmten Kastraten in Italien für Dresden verpflichtet und gleich nach Bayern mitgebracht hatte.

Naumann erstellte Klavierauszüge von einer ihrer Opern, bekam Kompositionsaufträge und Empfehlungsschreiben für sich und seinen Bruder, und Antonia Walpurgis präsentierte die beiden begabten Brüder, die aus ärmsten Verhältnissen stammten, gerne als ihre Entdeckungen und Zöglinge. Man darf getrost bezweifeln, dass es nur das schlechte Wetter war, das den Aufenthalt der Naumann-Brüder dort über Monate hinzog.

Allerdings achtete Naumann, bei aller Ehrerbietung und vielleicht auch Schwärmerei für die kunstsinnige Fürstin darauf, rechtzeitig vor der Karnevalssaison in Venedig zu sein. Denn auch ohne Kenntnis des „Tartini-Codes“ wusste Naumann auf der Leiter des Erfolges zu klettern...

Naumann und die Frauen

Johann Gottlieb Naumann hatte sich nie vorstellen können, verheiratet zu sein. Die Frauen in seinem Leben hatten ihm immer wieder vor Augen geführt, dass die Ehe ein Joch ist. Nicht für ihn, nicht für den Mann – aber für sie, die Frau.
Er hatte immer seine Mutter vor Augen. Naumann hatte erlebt, wie sie unter seinem Vater, der ein herzensguter Mann war und keiner Fliege etwas zu Leide tun konnte, gelitten hatte. Sein Vater hatte sein Leben gelebt. Er hatte hart gearbeitet und es sich gut gehen lassen, wie es das Leben vorgab.
Seine Mutter war anders. Sie hatte dem Leben etwas abzutrotzen. Aber mit einem Mann, der von der Hand in den Mund lebte und keinen Plan vom Leben hatte, und vier Kindern, die essen und gekleidet sein wollten, musste sie arbeiten, arbeiten und nochmals arbeiten. Naumann wusste deshalb sehr wohl, dass die harten und strengen Züge seiner Mutter die Kehrseite des sonnigen Gemütes seines Vaters waren. Seine Mutter war für ihn das erste und eindrücklichste Beispiel, dass es ein hartes Schicksal ist, eine Frau zu sein, einen Mann zu heiraten und danach nicht mehr man selbst zu sein, sondern ausschließlich für die anderen da sein zu müssen. Eine Frau ist mit einem Mann geschlagen und ihr Leben ist nicht mehr das eigene. Das bestätigte ihm später seine Freundin Elisa von der Recke, deren Ehe unglücklich verlaufen war. Und dieses Schicksal wollte Naumann einer Frau ersparen.

Maria Antonia Walpurgis

Maria Antonia Walpurgis, die Kurfürstenwitwe, war seine Gönnerin. Sie hatte ihn an den Dresdner Hof geholt und gefördert. Vielleicht auch, weil sie in ihm das sah, was sie sich in Kinder- und Jugendjahren für sich erhofft und erträumt hatte.
Als sie 23 Jahre alt war – so alt wie Naumann, als sie ihn an den

Dresdner Hof holte, – heiratete sie den Wettiner Kurprinzen Friedrich Christian. Er war seit Kindertagen gehbehindert, daher eher zurückhaltend. Obwohl er die Kunst liebte, dachte er eher politisch und ökonomisch.

In Dresden hatte ihr Schwiegervater das Erbe des starken August angetreten: Kunst und Musik blühten und Pracht und Genuss waren wichtiger, als eine gesunde Wirtschaft und politisch kluges Handeln. Doch auf sieben fette, folgen sieben magere Jahre – so steht es schon in der Bibel. Die Politik der prachtliebenden Herrscher brachte Sachsen eine kriegerische Auseinandersetzung nach der anderen. Der Siebenjährige Krieg führte Sachsen schließlich sogar an den Rand des Ruins. Maria Antonia erlebte den Untergang hautnah: Als der preußische König Friedrich in Dresden einmarschierte, war sie mit ihrem Mann in der Residenzstadt geblieben und hatte die Regierungsgeschäfte für den geflohenen Kurfürsten übernommen. Sie sah das Elend, welches Friedrich über Sachsen brachte und versuchte es zu lindern, wo sie konnte. Ihr Ehemann, Kurfürst Friedrich Christian, war lange genug Kronprinz, um sich eine eigene politische Meinung zu bilden, sich zurechtzulegen, was er, wenn er den Thron besteigen sollte, anders machen würde.

Antonia Walpurgis' Rolle war dabei klar – sie würde ihn beim Regieren unterstützen und endlich ihre Rolle als Kurfürstin einnehmen. Sie hatte bereits zehn Kinder geboren und wollte nun ihre anderen Fähigkeiten unter Beweis stellen.

Aber nach dem Siebenjährigen Krieg betrauerte sie zuerst ihren neunjährigen Sohn Josef Ludwig, dann den Schwiegervater und schließlich ihren Mann, dem nach vierzig Wartejahren nur acht Wochen als Herrscher vergönnt waren. Naumann ahnte, dass Maria Antonia Walpurgis ohne ihre Pflichten als Mutter und Kurfürstin vielleicht weitaus größere künstlerische Erfolge und ein ganz anderes Leben hätte führen können. Sie war eine der wenigen musikverständigen Frauen, die Naumann begegnet waren; eine Frau, die von Musik mehr verstand, als dass man sich zu ihr in den Hüften wiegen und rhythmisch bewegen könne –

eine Frau, die nicht nur die Wirkung der Musik zu schätzen wusste, sondern auch, wie man sie entstehen lassen konnte. Naumanns Mutter hingegen war zwar immer stolz auf die Erfolge und Leistungen ihres Sohnes, aber sie hörte keinen Unterschied zwischen dem Choral in der Loschwitzer Kirche und Hasses Te Deum. Selbst die Sängerinnen, die bei Kantaten, Opern und Konzerten eine Vielzahl teilweise ganz gegensätzlicher Musik zum Klingen brachten, begriffen meist nichts vom Wesen und von den Gesetzmäßigkeiten der Musik. Eine Frau, die selbst komponieren konnte, hatte Seltenheitswert und Maria Antonia Walpurgis war eine solche Frau. Naumann sah in ihr die große Künstlerin, und wenn sie als Mann geboren worden wäre, hätte sie Großes erreichen können.

Bewunderer unter sich

Raphael Mengs, wie Naumann ein Protegé von Antonia Walpurgis, war der Sohn des Dresdner Hofmalers Ismael Mengs. Bereits mit 17 war er von einem ersten Studienaufenthalt aus Italien zurückgekehrt und in Dresden Kabinettmaler geworden. 1751, mit 23 Jahren, wurde er Oberhofmaler mit einem großzügigen Jahresgehalt und bekam den Auftrag für das Altargemälde der neu zu erbauenden Hofkirche. Allerdings verließ er noch im gleichen Jahr Sachsen und machte zwischen Rom und Madrid Karriere. Sein Altarbild erreichte erst viele Jahre nach der Kirchweihe und nach dem Tod der Auftraggeberin Antonia Walpurgis die Stadt Dresden.

1772, als Naumann seinen Bruder bei Mengs in die Lehre gab, war dieser Präsident der Accademia di San Luca in Rom und hatte den Auftrag, die Camera die papiri im Vatikan auszumalen. Am Abend traf Naumann den Künstler allerdings in seinem Palazzo auf der anderen Tiberseite. Der dreizehn Jahre ältere Maler hatte von Antonia Walpurgis vom hoffnungsvollen Talent des Blasewitzer Musikers gehört. Sie hatte ihn nicht nur nach dem Arbeitsstand des Altarbildes befragt, sondern auch sehr deutlich aufgefordert, Naumann entgegenkommend zu behandeln und seinem Wunsch, den jüngeren Bruder auszubilden, ohne Bedingungen zu erfüllen.

Die Unterschiede zwischen den beiden Männern konnten nicht größer sein. Mengs war selbstbewusst und hatte einen leichten Hang zur Überheblichkeit. Extravagant in eine Toga gehüllt begrüßte er den im unauffälligen Rock und Dreispitz ankommenden Besucher. Mit lauter Stimme und großen Gesten, als stünde er auf einer Bühne, genoss er die fast schüchterne Bescheidenheit Naumanns. Der Tisch bog sich förmlich unter der Last der dekorativ aufgebauten Speisen. Es gab keine Lakaien, die den Künstler bedienten. Zwei junge Mädchen in langen antiken Gewändern, die lediglich mit Seidenschleifen unter den Brüsten gehalten wurden, brachten Wein. Der weich fließende Stoff der Gewänder zeigte mehr, als er von der anmutigen Schönheit der beiden Mädchen verbarg. Naumann sah sehr wohl, dass es seinem jüngeren Bruder, zwischen den kleinen Bissen aus den vielen, dem Jungen ganz unbekannten Speisen, und großen Schlucken aus dem Becher, sehr schwer fiel, nicht zu auffällig nach den Reizen der Mädchen zu schauen.

Naumann erinnerte sich an eine ähnliche Situation, die er einst in Braunschweig erlebt hatte. Nun war er sich nicht mehr so sicher, ob er seinen Bruder hier zurücklassen konnte.

Mengs gab sich freimütig, sein Auftreten war laut. Schon vor Jahren war er zum Katholizismus konvertiert und hatte eine Italienerin geheiratet. Aber das schien ihm keine Grenzen beim Genuss zu setzen. Ob das für den Bruder gut sein würde? Aber Naumann mußte ihn hier lassen. In Venedig wartete die Arbeit und er konnte seinen Bruder dort nicht gebrauchen. Er sollte schließlich etwas lernen, deshalb hieß es jetzt: durchhalten. In diesem Augenblick erhob sich Mengs von seinem Sessel, auf dem er bei Tisch mehr gelegen denn gesessen hatte. *„Komm her, junger Mann“*, tönte er, legte den Arm um Naumanns kleinen Bruder und zog ihn hoch, *„bevor Du mit Deinen Augen meine*

Grazien zum Nachtisch verspeist, will ich Dir zeigen, wo die Kunst schöner ist als das Leben! Unsere verehrte Fürstin“, sagte er mit einem Seitenblick auf Naumann, „*Maria Antonia Walpurgis*“, und Naumann erschauderte über die sinnliche Art, wie Mengs den Namen aussprach, „*hat mich daran erinnert, dass ich in ihrer Schuld stehe!*“

Mit dem Bruder im Arm, halb auf ihn gestützt, und einem Wink zu Naumann, ihnen zu folgen, stieg er die zwei Stufen zu einem übermannshohen Bogen empor, der mit einem schweren Vorhang verschlossen war.

Er zog ihn beiseite, und Naumann verschlug es fast die Sprache: Der riesige Raum war mit nur einem Gemälde geradezu ausgefüllt: Ein fast doppelt-lebensgroßer Christus schien ihm riesenhaft entgegen zu schweben. Der Auferstandene, der Auffahrende! Die Arme ausgebreitet, rechts und links, das müssen die beiden Mädchen sein, die ihm noch gerade den Wein eingegossen haben! Darüber in einer Goldglorìole Gott Vater, sitzend auf einem fast nackten Jüngling. Das Weiß des Bartes vermischte sich regelrecht mit der Taube, der Darstellung des Heiligen Geistes.

„*Dreifaltigkeit!*“, rief Mengs, „*Dreifaltigkeit! Die neue Kirche wird ihr geweiht, sie soll ich malen. Aber es ist wichtig, den*

richtigen Moment zu treffen. Jesus zwischen den Wolken, zwischen Himmel und Erde. Nur so lebt die Geschichte. Es ist wie bei Ihnen, Musikus, auf dem Theater!", sagte er und drehte sich, den hilflosen Bruder noch immer im Arm und wie mit einem Schraubstock an seine Brust gepresst. *„Du musst den rechten Moment treffen damit sich die Geschichte erschließt!"*
Doch Naumann hörte diese für ihn gewagte These, ein beschauliches Altargemälde als eine Theaterszene zu beschreiben, schon nur noch wie durch eine dicke Nebelschicht. Im unteren Drittel des Bildes, da wo die Menschen stehen, halb erschrocken, halb fasziniert, von Erregung regelrecht geschüttelt, stand eine junge Frau. Der blaue Mantel charakterisierte sie als Gottesmutter Maria. Sie hielt die Augen verklärt auf den auffahrenden Jesus gerichtet. Aber diese Züge! Es war... - Naumann traute seinen Augen nicht.
Plötzlich verstummte die laute, aufgedrehte Stimme von Mengs und er sah zu Naumann. In ganz anderem, sehr leisem Ton war Mengs nun zu hören: *„Nachdem sie jetzt da war, konnte ich nicht anders. Ich musste sie einfach malen. Ich denke bei diesem Bild immer an sie. Es ist keine Absicht. Ich werde es noch einmal ändern, man wird sie am Ende nicht mehr erkennen. Aber sie ist es und sie wird es immer bleiben... Er hat sie auch sofort erkannt, nicht wahr?"*
Naumann konnte nur stumm nicken.

Schwärmerei

Naumann liebte die Musik und seit er wieder in der Lagunenstadt weilte, um seine Oper „Ipermnestra" aufzuführen, glaubte er zum ersten Mal auch eine Frau lieben zu können. Es war die Sängerin Catharina Schindler, die sein Herz und seine Ohren vollkommen gefangen nahm.
Den eleganten Dreispitz in der einen, den schweren, silberbeschlagenen Stock in der anderen Hand stürzte Naumann wieder

einmal aus der Probe, und die riesige Tür des Theaters fiel hinter ihm schwer ins Schloss. Ruhe, fast himmlische Ruhe war hier im Vergleich zum Theater, wo die Eindrücke ihn fast zu erdrücken schienen. Vor seinem geistigen Auge sah er sie bei der Probe in der Oper. Man hatte nach ihr gerufen, sie war zur Bühne geeilt, ihre Brust bewegte sich heftig auf und ab, das Tuch über dem Dekolleté war verrutscht, sie atmete schwer, blickte zu ihm, der vor dem Orchester stand, ihre Blicke begegneten sich kurz und eine kaum zu übersehende Röte färbte ihr Gesicht. Auch er hatte den Blick abwenden müssen, um seine Gefühle nicht gänzlich zu verraten.

Jetzt irrte er schon stundenlang durch die engen Gassen der Stadt und suchte doch eigentlich nur sie. Irgendwann hatten ihn seine Füße instinktiv zu ihrem Quartier getragen. Es war eine unschuldige Angewohnheit von ihm, an diesem Haus wie zufällig vorbeizugehen, um vielleicht einen Blick auf die Sängerin zu erhaschen oder ihre Stimme zu hören. Vielleicht würde sie aus der Tür treten, um sich auf den Weg zu einer abendlichen Veranstaltung zu begeben, oder sie kehrte endlich heim von der Probe.

Vielleicht würde ihr Schattenriss hinter einem der erleuchteten Fenster zu sehen sein, oder er würde sogar etwas von ihr hören? Man könnte sich zufällig treffen und ein paar unbedeutende Worte wechseln. Oder er könnte sie einfach nur sehen oder hören in einem kleinen, fast unschuldigen Begehren.

Dann stand er vor dem Haus, und hörte sie wieder. Ihre Stimme klang aus dem halb geöffneten Fenster. Es war seine Musik und sie sang sie betörend schön. Die warme, aber dennoch klare Stimme zeigte ihm ihr Bild, und er musste stehenbleiben und lauschen. Sollte er sie fragen, ob sie seine Frau werden solle?

Mutter in Blasewitz, das wusste er, wartete sehnlich darauf, eine Schwiegertochter und endlich Enkel zu haben. Aber würde eine Künstlerin ihr recht sein? Dazu noch eine Katholikin! Das war überhaupt so ein Problem. Mengs hatte es erfolgreich praktiziert, aber der war auch gleich Katholik geworden – das kam für

Naumann überhaupt nicht in Frage! Der Protestantismus war für ihn immer das Besondere gewesen, das ihn hier in Italien und in Dresden bei Hofe abhob. Und seine Frau, die die Kinder erziehen soll... Da war es wieder, dieses Grundproblem: Die Sängerin bewegte sein Herz mit ihrer Stimme, aber sie sich als Mutter und Hausfrau zwischen Herd und Küche vorzustellen – nein, das war einfach absurd! Natürlich wäre es schön, Tag und Nacht mit ihr zusammen zu sein, für sie zu komponieren und sich auszutauschen. Doch wie hielt sie es denn mit der Religion? Über solche Dinge hatte er nie mit ihr gesprochen, und er würde wohl auch nie den Mut dafür aufbringen.

Während diese Gedanken durch seinen Kopf spukten, lauschte er weiter ihren Tönen und wollte den Moment für die Ewigkeit festhalten. Sie war seine Primadonna. Die Stimme wirkte sinnlich, klar und genau. Keine Triller und Tremoli verschleierten ihre Intonation, sie versuchte nicht, mit affektiertem Gehabe und übertriebenen Gesten den Kastraten Konkurrenz zu machen. Sie musizierte rein, ganz auf das Wesentliche konzentriert. Manchmal wünschte sich Naumann, diese Stimme auch in der Kirche einsetzen zu dürfen, weil sie der Musik und dem Wort diente, statt sich eitel in den Vordergrund zu schieben. Wie diese schlichte Kadenz, die sie in diesem Moment sang. Nicht wie diese aufgeblasenen Kehlkopfakrobaten mit den Kräften eines Mannes hinter der Stimme eines Knaben, die mit Kraft und Ausdauer ihrer Stimme angaben, ohne sich auch nur im Entferntesten darum zu kümmern, was sie sangen. Bei der katholischen Hofmusik war der Effekt vielleicht wichtiger als das Wort. Aber wenn er Psalmen vertonte, wenn er deutsche Texte in Musik setzte, dann musste auch der Gesang ganz auf die Botschaft zielen. Catharina könnte das, aber würde sie es auch wollen? Sie ist Katholikin – würde sie seine protestantische Kirchenmusik ebenso überzeugend interpretieren wie die Arien in den Opern? Ein vorbeiziehender, laut und inbrünstig, aber vollkommen falsch singender Gondoliere zerstörte die Stimmung und riss Naumann aus seinen Betrachtungen. Was machte er eigentlich hier? Spionierte einer Sängerin hinterher und ergab sich in Tagträume? Nein, das hatte er als Komponist und Maestro doch nicht nötig. Er riss sich los. Alle Schönheit vergeht. Er war nicht der Mann für eine Familie und sie war keine Frau für ihn. Heute verzauberte sie mit ihrer Stimme und seiner Musik – doch nur die Musik würde wirklich Bestand haben.

In Venedig brennt die Luft

Naumann war wieder nach Venedig zurückgekehrt. Gleich mehrere Aufträge warteten hier auf ihn. Für die laufende Saison verfertigte er den „Solimano", der seine Reputation deutlich steigerte. Man spielte die Oper während der ganzen Spielzeit täglich. Auch Hasse kam und sah sie an. Es war Naumann wichtig, dass er ihn noch im Theater, also vor aller Augen, anerkennend in die Arme nahm. Dann schrieb Naumann, quasi parallel, zwei Opern, eine für Venedig und eine für Padua, und schloss direkt eine Singspielvertonung, wieder für Venedig, an. Schon im Karneval 1773 hatte er mit „Ipermestra" geliebäugelt, ein Metastasio-Text, den dieser vor dreißig Jahren für Hasse gefertigt hatte und der seit dem in etwa 20 unterschiedlichen Kompositionen vorlag. Nun war Naumann an der Reihe.
Am 1. Februar nahm die Karnevalssaison so richtig Fahrt auf, und genau jetzt hatte Naumanns Stück in dem kleinen Rundbau des Teatro San Benedetto Premiere. Er hatte sich in einem der nahe dem Theater gelegenen Häuser einquartiert. Obwohl es ihm inzwischen gut genug ging, sich einen Diener zu leisten, waren die venezianischen Wohnungen für ihn viel zu groß und die Mieten, gerade in den Karnevalszeiten, zu hoch. Daher hatte er, was durchaus nicht ungewöhnlich war, zwei Zimmer seines Logis an eine Sängerin untervermietet, die wie er die meiste Zeit des Tages im Theater verbrachte. Nun war die Premiere vorbei und es galt für Naumann, langsam an seine Heimreise zu denken. Er hatte zwar durchaus noch lukrative Angebote für die

karnevalsfreie Zeit erhalten: Neapels König wollte etwas zu seinem Namenstag – da wäre sicher auch mehr zu machen, möglicherweise sogar eine Festanstellung. Das würde allerdings den Bruch mit dem sächsischen Hof bedeuten und eine zukünftige Heimkehr deutlich erschweren. Nun, er hatte sich für die Heimkehr entschlossen, nicht ohne sich noch einmal mit Mengs zu treffen, der inzwischen mitsamt dem Bruder in Florenz weilte. Man munkelte bereits, Mengs habe ein Angebot an den spanischen Hof, und Naumann wollte ihn mit allen ihm zu Gebote stehenden Möglichkeiten überzeugen, seinem Bruder weiter Unterricht zu geben und ihn möglichst mit nach Spanien zu nehmen.

Vor der Premiere hatte Naumann bis über die Weihnachtsfeiertage und den Jahreswechsel kaum einmal seine Wohnung im Obergeschoss des Hauses verlassen. Sein Diener hatte ihm selbst das Essen aufs Zimmer besorgen müssen. Der Grund dafür war simpel: Er hatte zu komponieren. Dann, nach Fertigstellung und mit Probenbeginn, verließ er morgens das Haus und blieb fast den ganzen Tag im Theater und kam eigentlich nur zum Schlafen in sein Quartier. Und nun hatte eine geradezu rege Geschäftigkeit begonnen. Er kam und ging zu völlig unregelmäßigen Zeiten, bestellte Briefe, empfing Kuriere, wurde von anderen, hier bislang nicht gesehenen Männern besucht oder zu Gesprächen abgeholt. Das mag so manchem Menschen aufgefallen sein. Zumal jemandem, der tagein, tagaus nichts zu tun hatte, als seine Nachbarn zu beobachten und die gesammelten Informationen, vielleicht mit ein paar Vermutungen und ausschmückenden Details bereichert, gegen gutes Geld der hochheiligen Inquisition zur Verfügung zu stellen. Diese hatte ein sehr gut funktionierendes System, war immer bestens informiert, kannte die Gerüchteküche und die verdächtigen Subjekte sehr genau. Gerne ließ die Inquisition die heimliche Bespitzelung der Bewohner der Lagunenstadt auch unheimlich werden. Das System der Verhöre und der berüchtigte Gefängnistrakt, die sogenannten „Bleikammern“, stellten ein düsteres

das, was vielleicht jetzt am Teatro sein würde, ob die Vorstellung schon beendet gewesen sei, wieso das Feuer ausgebrochen war und ob Menschen zu Schaden gekommen seien – immerhin waren es Kollegen, mit denen man die letzten Wochen intensiv gearbeitet hatte.

Naumann hatte für solche fruchtlosen Spekulationen keine Zeit, und er unterband auch jede derartige Diskussion. Jetzt galt es, sich selbst in Sicherheit zu bringen.

Langsam kamen sie aus der unmittelbaren Gefahrenzone heraus und schließlich lag die große Piazza San Marco vor ihnen. Erschöpft schleppten sie ihr Gepäck auf die andere Seite des Platzes und stellten alles zu einem großen Stapel zusammen. Während die Sängerin beklagte, was sie in der Eile im Haus hatte zurücklassen müssen und hemmungslos in Tränen ausbrach, hatte Naumann mit einem kurzen Blick kontrolliert, dass ihm keines seiner Gepäckstücke abhandengekommen war.

Wieder zu Atem gekommen dankte er Giovanni und zahlte ihm den versprochenen Lohn, den dieser schnell in seiner Tasche verschwinden ließ und auch schon wieder davon stürzen wollte – vielleicht zurück zum Ort des Geschehens, weil er sich einen ähnlich lukrativen Auftrag versprach, oder vielleicht auch, weil er sehen wollte, was seine Mutter machte.

Naumann hieß ihn, noch einen Augenblick zu warten. Zunächst beruhigte er seine Kollegin, die sich vollkommen derangiert auf ihrem großen, allerdings nur halbgefüllten Koffer niedergelassen hatte und nun markerschütternd weinte. Dann überlegte er kurz und schickte Giovanni zu einer alten Bekannten. Die Witwe hatte sich erst vor einigen Tagen, als er sie zufällig getroffen hatte, bei ihm beschwert, dass er nicht bei ihr ins Quartier gekommen war. Vor einigen Jahren hatte er bei ihr und ihrem Mann, der inzwischen verstorben war, zur Untermiete gewohnt. Jetzt, mit besserem Verdienst, als angesehener Komponist, konnte er sich die Wohnung nahe dem Opernhaus leisten und war ohne lange zu zögern in das von einem Musikfreund empfohlene Haus gezogen. Dann, es war Anfang voriger Woche, die Proben am

Theater waren fast vorbei und er hatte wegen der Vorbereitungen seiner Heimreise wichtige Gänge durch die Stadt zu erledigen, traf er sie wieder.
Sie erkannte ihn sofort. Mit großer Geste, die jeder Schauspielerin zur Ehre gereicht hätte, kam sie auf ihn zu und hatte eine deftige Schimpfkanonade auf den Lippen: Sie sei ihm wohl nicht mehr gut genug und dass er doch ihr und ihrem guten Rat und dem ihres seligen Mannes treuer Unterstützung zu verdanken habe, dass er in Venedig zu Hause sei, dass es ihr ja überhaupt nicht ums Geld gehe, aber dass es nun mal keine Liebe unter den Menschen und keine Treue mehr gäbe.
Naumann hatte erst im Laufe dieser heftig aufgeregten Suada erkannt, wer da vor ihm stand. Er erinnerte sich gerne an die Zeit bei dem alten Ehepaar. Nun war er vollkommen bestürzt, da er überhaupt nicht damit gerechnet hatte, dass sich das Paar, oder in diesem Fall die Witwe, noch an ihn erinnern würde.
Er hatte ihr daraufhin, leider war er wegen seiner Termine ziemlich pressiert, versprochen, sich wieder bei ihr zu melden und ihr etwas Geld gegeben, dass sie schon einmal für den bevorstehenden Besuch einen guten Wein kaufen solle. Damit hatte er sie sichtlich beruhigt, auch wenn er sich sicher war, dass sie den Wein inzwischen längst auch ohne ihn getrunken hatte! Nun kam ihm die Gelegenheit zu passe, und für die wenigen Tage, die er noch in Venedig zu bleiben gedachte, wäre das Quartier bei der Witwe durchaus ausreichend.
Giovanni verzog bei dem erneuten Trinkgeld den Mund zu einem breiten Grinsen und machte sich schleunigst auf, der Witwe den zu erwartenden Gast anzukündigen.
Als nächstes beratschlagte sich Naumann mit der jungen Sängerin, wo sie denn nun unterkommen könne. Sie nannte ihm eine Freundin, die sie sicher aufnehmen würde, und Naumann schickte nun auch seinen Diener mit ihr fort, um ihr beim Tragen ihrer Habseligkeiten zu helfen. Danach rief er von den großen Säulen, wo immer ein paar Männer standen, die auf einen Gelegenheitsjob warteten, einen Träger, der ihm auf dem Weg zur

alten Witwe das Gepäck trug. Die alte Dame war trotz der schrecklichen Nachricht über den Theaterbrand hocherfreut, so plötzlich und schnell den bekannten Maestro einquartieren zu dürfen und tat alles, damit sich Naumann wohlfühlte.

Bereits am nächsten Tag sahen sie zu ihrem großen Erstaunen Giovanni wieder. Der Junge kam sehr wichtig in das Quartier, behandelte die Wirtin von oben herab und verlangte auf der Stelle den deutschen Maestro Naumann zu sehen, dem er eine wichtige Nachricht zu überbringen habe. Die Nachricht erwies sich als eine hochamtliche Vorladung zum inquisitorischen Rat, der er in einigen Tagen zu folgen habe.

Noch bevor Naumann begriffen hatte, was er da in Händen hielt, war Giovanni, der Bote mit dem informellen Hintergrund, schon wieder verschwunden. Die erfahrene Wirtin hatte aber sofort erkannt, dass der Brief keine guten Neuigkeiten enthielt. Als Naumann ihr von der Vorladung erzählte, war ihr spontaner Rat, umgehend und deutlich vor der gesetzten Frist abzureisen. *„Mit der Inquisition ist nicht zu spaßen!“*, meinte sie. *„Die sind scharf wie eine Rasierklinge und auf die Fremden in der Stadt nicht gut zu sprechen. Ein kleiner Vorwand genügt und man verschwindet für lange Zeit, wenn nicht gar auf Nimmerwiedersehen unter den Bleidächern!“*

Naumann konnte und wollte das nicht glauben. Er hatte sich nichts zu Schulden kommen lassen und glaubte an Recht, Gesetz und Ordnung oder zumindest an die Unfehlbarkeit der Obrigkeit. Außerdem wusste er noch nicht einmal, was man ihm genau vorwarf. Dennoch ließ er sich von der alten Dame bereden, seine Freunde und Mäzene in der Stadt zu konsultieren. Er musste sowieso die wichtigsten Kontaktpersonen in der Stadt informieren, dass er lebendig, wohlbehalten und ohne Verluste dem Flammeninferno rund ums Theater entkommen sei und lediglich seine Wohnung gewechselt hatte. Also ging er zu verschiedenen Freunden und Kollegen, auf deren Rat er etwas gab.

Bei seinen Wegen durch die Stadt mied er das Viertel um das Opernhaus, obwohl es ihn magisch anzog. Das Feuer hatte, so war es an jeder Ecke zu hören, heftig gewütet. Naumann zwang sich wegzuhören, denn er wollte nicht wissen, ob und wieviele Tote zu beklagen waren. Er versuchte zu verdrängen, dass an dem Abend, als das Feuer ausgebrochen war, seine Oper gegeben worden war und dass die Sänger, mit denen er gearbeitet hatte, auf der Bühne gestanden hatten und jetzt vielleicht tot waren. Oder hatten sie sich retten können? Und wer war ums Leben gekommen?

Er schob alle Gedanken daran beiseite. Jetzt wollte er sich um seine Heimreise kümmern – in Sachsen erwartete man ihn sehnsüchtig, und mit dieser Vorladung könnte sich die Abreise wiederum um Tage, wenn nicht gar um Wochen verschieben!

Alle Freunde, die er fragte, rieten ihm, sofort und ohne Zögern abzureisen. Der Theaterbrand, davon waren die meisten Venezianer überzeugt, ging auf Brandstiftung zurück. Die Stimmung war aufgeheizt, und man würde einen Schuldigen brauchen. Sollte er als Sündenbock für den Theaterbrand herhalten? Und würden sie ihn verurteilen, selbst auf die Gefahr hin, dass sich später herausstellen sollte, dass eine umgekippte Öllampe oder ein nicht richtig gelöschtes Talglicht die eigentliche Ursache des verheerenden Brandes war?

Naumann war Deutscher, ein Ausländer. Der Gegenwind, den er vor seiner Premiere gespürt hatte, und die Ressentiments waren kein Zufall. Zwar hatte der Erfolg die kritischen Geister übertönt, aber das Glück und der Ruhm sind flüchtig. Und wenn man schon zu normalen Zeiten befürchten musste, vom Inquisitionsgericht für Lappalien drakonisch bestraft zu werden, wie dann erst zu einer Zeit mit so erhitzter Stimmung bei einem Theaterbrand?

Was sollte er machen? Sich freiwillig dem Hohen Rat stellen, gar noch die geplante Abreise verschieben, um aussagen zu können? Das wäre nicht nur naiv, das wäre sogar dumm. Doch je mehr man auf ihn einredete, umso mehr versteifte er sich darauf, sich dem Tribunal zu stellen und zu seiner Unschuld zu stehen. Und tatsächlich ging er am besagten Tag zum Gericht. Seine Vermie-

terin begleitete ihn auf dem Weg und redete die ganze Zeit ununterbrochen auf ihn ein, es sich noch einmal anders zu überlegen. Und als er hart blieb, bewies sie ebensolche Sturheit – sie werde vor der Türe ausharren und so lange Rosenkränze beten, bis er wieder zurückkäme.
Tatsächlich wurde Naumann über längere Zeit befragt und musste zeitweise stundenlang in verschlossenen Räumen warten, bis er erneut mit den sich wiederholenden Fragen konfrontiert wurde. Naumann blieb bei der Wahrheit und ließ sich durch nichts beirren. Auch, als seine Glieder matter wurden und er sich nach den langen Qualen des Verhörs immer erschöpfter fühlte, beteuerte er seine Unschuld.
Was letztendlich den Ausschlag gegeben hatte, dass Naumann noch in der Nacht wieder in Freiheit entlassen wurde, vermochte er nicht zu sagen, doch es könnte das geheime Wirken eines Freundes oder Mäzens gewesen sein. Vielleicht war aber auch die tatsächliche Brandursache ermittelt worden, oder man hatte erkannt, dass die Spitzelberichte von Giovanni mehr auf dessen blühender Fantasie, als auf Fakten beruhten.
Möglich wäre ebenfalls, dass Naumanns stoische Überzeugung, unschuldig zu sein und dementsprechend nichts zu befürchten zu müssen, einen Eindruck bei der Inquisition hinterlassen hatte, oder man befürchtete politische Konflikte mit Sachsen. Jedenfalls hatte die alte Wirtin zum ungezählten Male ihre Holzperlenkette endlos murmelnd mit „Ave Marias“ und „Paternosters“ durch die Finger gleiten lassen, als sich nach Sonnenuntergang das schwere Tor des Justizpalastes öffnete und in den Schein des von innen herausfallenden Lichtes Naumann, angestrengt aber zutiefst befriedigt, ins Freie trat.

Katharina von Grothschilling

Ob Naumann sich, aus seinen Erfahrungen mit Ehe und Familie, davor fürchtete, selber zu heiraten, ihm seine Moralvorstellungen und Lebensmaxime im Weg standen, ob er einfach zu viel an die Künste und zu wenig an sein privates Glück dachte, oder ob er immer auf ein wundersames Zeichen von oben und die große Liebe wartete, bleibt Spekulation – jedenfalls blieb er bis über seinen 50. Geburtstag hinaus ohne Frau.

Katharina von Grothschilling war eine der jungen Frauen, denen er Unterricht erteilte. Er hatte sie 1785, er war Mitte vierzig und erfüllte in Kopenhagen den Auftrag, die Hofkapelle zu reorganisieren, kennengelernt.

Mit der Dänischen Hofkapelle stand es damals nicht zum Besten. Die Musiker spielten, wie sie es für richtig hielten, nahmen es weder mit den Noten noch den Vortragszeichen allzu genau, und fühlten sie sich dabei als große Künstler und kassierten enorme Gagen. Naumann jagte sie alle von den Pulten, nahm ihnen die Noten weg und hieß sie einfache Choräle begleiten. Er zwang die Geiger an die großen behäbigen Violas, tauschte die celloartigen Baritons gegen große Kontrabässe, hieß die Kirchensänger einfache Volkslieder singen und die Musiker, sie dreistimmig zu begleiten. Tagelang quälte er sich und die Instrumentalisten mit Tonika, Dominante und Subdominate, verbesserte die Intonation, verbot das moderne Vibrato und machte sich nach und nach fast alle Hofmusiker zu Feinden. Am Abend musste er dann zum Vizeadmiral, einem unnahbaren, aber sehr wichtigen, einflussreichen Mann, um dessen Tochter zu unterrichten.

Sie allein hatte ihm angemerkt, wie erschöpft er von den Proben kam und hatte ihn nicht, wie es so viele Schülerinnen taten, mit einem mäßig gelungenen Bravourstück oder gar einer Arie aus einer seiner Opern zu beeindrucken versucht. Sie hatte nur ein schlichtes Volkslied gesungen und sich selber mit wenigen klaren Akkorden begleitet; sie hatte ihm ins Gesicht gesehen, wäh-

rend sie ein lyrisches kleines Wiegenlied spielte. Naumann hatte sich in den Sessel gesetzt die Augen geschlossen und zugehört. In der zweiten Strophe meinte er eine kontrapunktische zweite Melodie in der linken Hand zu hören, die in der dritten Strophe des Liedes die Führung übernahm. Das war es! Das hatte ihn an Pachelbel fasziniert, so hatte er selber Musik immer verstanden und immer wieder als beglückend erlebt. Genau das hörte er jetzt! In der dritten Strophe des schlichten Liedes hatte die immer wiederkehrende Begleitung eine eigene Basslinie entwickelt, die sich zum Kontrapunkt des Cantus firmus entwickelte. Naumann war mit einem Mal hell wach.

Er stand auf und setzte sich links neben Fräulein Grothschilling ans Instrument. Während seine rechte Hand mit ihrer linken das Strophenlied fortsetzten, improvisierte er mit der linken Hand die Basslinie zu einer eigenen Melodie, während sie, ohne dass sie ein einziges Wort gesprochen hätten, mit der nun freien rechten Hand die ursprüngliche Melodie mit verspieltem Zierrat versah. Naumann konnte sich nicht erinnern, ob sie an diesem Abend überhaupt ein anderes Stück herausgeholt und geprobt hatten. Er wusste auch nicht mehr, ob sie je darüber gesprochen hatten. Aber diese gemeinsame Musizierstunde und die vielen,

die danach oft folgten, waren der Kraftquell, um die aufreibende Arbeit mit der Kopenhagener Hofkapelle durchzustehen.
Noch Jahre später erinnerte er sich immer und immer wieder an diese gemeinsamen Stunden, an die feingliedrige Hand neben der seinen auf dem Klavier. Er sah vor sich das kleine Ohr direkt neben seinem Kopf, die federnde, dahinter festgeklemmte Haarlocke. Er vermeinte ihre Nähe noch heute zu spüren, die schnelle Auffassungsgabe, das offensichtliche Verständnis von Musik, das nicht durch den Kopf, sondern direkt in die Hände ging.
Sie hatte später viele, auch sehr virtuose Stücke gespielt; ihre Fingerfertigkeit war brillant, der Anschlag differenziert, das Erinnerungsvermögen frappierend. Immer, wenn sie ihm eine Freude machen wollte, begann sie zu improvisieren, spielte Variationen zu kleinen Melodien, schien sich einen Spaß daraus zu machen, mit demselben musikalischen Material Freude und Trauer, Heiterkeit und Dramatik auszudrücken. Naumann liebte sie dafür. Er wusste, dass sie eine große Künstlerin war, aber vermutlich würde sie entweder eine alte Jungfer werden oder irgendeinen Mann heiraten. Und wenn sie heiraten würde, wäre sie mit Familie, Kindern und Haushalt so beschäftigt und ausgelastet, dass all ihre schönen Begabungen und Anlagen verkümmern würden – er wollte nicht dieser Mann sein. Als er Monate später seine Arbeit in Kopenhagen beendet hatte und nach dem Abschiedssouper in seine Kutsche stieg, hörte er aus dem Musiziersalon eine ganz kleine Melodie in Moll, einen traurigen Abschiedsgruß, der von Katharinas Herzen ihren Weg direkt zu ihm suchte.
Er schrieb ihr. Der Briefwechsel zwischen ihm in Dresden und ihr in Kopenhagen konnte die entstehende Distanz aber nicht überwinden. Höflich, aber distanziert schrieb man sich, um in Kontakt zu bleiben. Und auch wenn sie sich vielleicht mehr erhoffte, so war er doch nicht bereit, diesen Schritt zu wagen. Jahre später, als Naumann sich auf die Suche nach einer Ehefrau machte, erinnerte er sich an das Gefühl. Ohne sie nochmals zu sehen, machte er ihr einen Antrag und sie sagte zu.

Verlockendes Angebot aus Berlin

Naumanns Verhältnis zur Kurfürstenwitwe Maria Antonia Walpurgis war immer ein besonderes. Sie hatte ihn an den Hof geholt, war seine mütterliche Freundin. Und er hatte sie verehrt, ihre künstlerische Begabung, ihr Wissen und ihre Vielseitigkeit. Er kannte ihren Lehrer Ferrandini, die „Stars" ihrer Jugend: Hasse und seine Frau, die Sängerin Faustina. Die Kurfürstenwitwe hielt noch an der barocken Glanzentfaltung des „Augusteischen Zeitalters" fest, während mit ihrem Mann, ihrem Schwager und ihrem Sohn eine neue, aufklärerische Generation die Regierung übernommen hatte. So kam es 1765 zum offenen Streit mit ihrem Schwager Franz Xaver, der die polnische Königswürde gegen ihren erklärten Willen abtrat. Mit der Volljährigkeit ihres Sohnes 1768 und dessen Hochzeit im Jahr darauf mit der gerade 17-jährigen Maria Amalie Auguste verlor sie bei Hofe bis zu ihrem Tod 1780 zunehmend an Einfluss, und auch Naumanns Position wurde dadurch geschwächt.

Naumann war dem Hof loyal ergeben, aber mit der neuen Kurfürstin und der jungen Herrscherfamilie entstand nie eine so enge Verbundenheit wie mit Maria Antonia Walpurgis.

Im Jahr 1786, er kam gerade aus Kopenhagen zurück, wurde er zu einer Audienz geladen. Es gab Wichtiges zu entscheiden, und die Kurfürstin Maria Amalie hatte von ihrem Mann erbeten, selbst mit Naumann sprechen zu können.

Im Saal waren neben der Kurfürstin auch Schuster, der andere Hofkomponist, Kollege und irgendwie auch immer Konkurrent Naumanns, und die vierjährige Tochter der Kurfürstin, Prinzessin Maria Augusta anwesend. Naumann hatte das lebhafte Kind schon bei der ersten Begegnung anstrengend gefunden. Auch später konnte er an dem verhätschelten und dennoch selbstbewussten Mädchen keine liebenswerten Seiten entdecken, doch da die Kurfürstin zwei Kinder bei der Geburt verloren hatte, bekam Augusta nun die Liebe für drei und blieb ständig in der Nähe ihrer Mutter.

Dennoch war es für Naumann wichtig, mit dem Herrscherpaar und der Familie in gutem Einvernehmen zu sein. Dass Schuster seit Jahren der Musikunterricht für die kurfürstliche Familie oblag, musste von den Beobachtern des Hofes als Affront gegen ihn interpretiert werden. Bislang hatten ihn immer wieder Urlaube von den Verpflichtungen am sächsischen Hof abgehalten. So war er in den letzten zwei Jahren fast durchgehend in Kopenhagen gewesen, zwischendurch kurz in Stockholm. Und für die Erwiderung der Einladung des preußischen Königs war nur eine kurze Station auf der Heimreise in Sanssouci möglich gewesen. Jetzt jedoch, zurückbeordert an den sächsischen Hof, musste ihm endlich die Aufgabe des Musiklehrers der Fürstenfamilie übertragen werden! Allerdings graute ihm vor der Vorstellung, sich nun regelmäßig den Launen der Prinzessin ausgesetzt zu sehen.

Naumann wartete darauf, dass die zwanglose Konversation im Saal endete. Maria Amalie Auguste und ihre Hofdamen plauderten mit Schuster, und die Prinzessin hatte zwei etwa gleichaltrige Spielgefährten, mit denen sie um die Gruppe herumtobte. Sie flüchtete vor Naumann an den Rock ihrer Mutter, die nun auch bemerkte, dass Naumann anwesend war. Mit einem charmanten Satz beendete sie das Gespräch mit den anderen und wandte sich, ganz Herrscherin, zu Naumann: *„Ah, da ist Er ja, unser Naumann. Er hat auf der Heimfahrt Station gemacht, in Sanssouci? Wurde vom preußischen König empfangen? Wie ist er, der Neue? Er will die Residenz zurück nach Berlin verlegen, sagt man. Interessant. Naumann, Er wird uns doch nicht abspenstig werden? Wie hat man Ihn empfangen? Naumann, erzähl` Er, lass Er sich nicht jedes Wort aus der Nase ziehen, wir sind sehr gespannt.*"

Und Naumann erzählte von seinem Besuch beim preußischen König auf der Heimfahrt von Kopenhagen. Friedrich Wilhelm II. von Preußen war erst im August nach dem Tod Friedrichs des Großen Regent geworden und hatte Naumann zu einem Besuch in Sanssouci geladen. Friedrich, drei Jahre jünger als Naumann, war von seinem Oheim und Amtsvorgänger immer wieder gedemütigt worden, und hatte gerade begonnen, Preußen umzugestalten. Noch jedoch residierte er im Lustschloss bei Potsdam. Tag und Stunde, zu der sich Naumann einfinden sollte, waren angegeben, und dieser war auch pünktlich zu Stelle. Ein Lakai bedeutete ihm zu folgen, führte ihn in einen leeren Saal und ließ ihn dort allein, während er den Raum durch eine Tapetentür verließ. Naumann konnte deutlich hören, dass hinter einer großen Doppeltür Menschen waren und geschäftiges Treiben herrschte. Plötzlich öffnete sich die Tür, direkt dahinter saß der König am Cello, umgeben von Mitgliedern seiner königlichen Kapelle, und gemeinsam spielten sie, in Bearbeitung für Cello-Solo mit seiner Majestät als Solisten, eine Arie aus der unlängst für Kopenhagen fertig gestellten Naumann-Oper „Orpheus", und Naumann war gerührt gewesen.

Dass er gerade diese Episode nun seiner Kurfürstin erzählte, war durchaus absichtsvoll. Schuster beobachtete fast ebenso gespannt wie Naumann, wie sich Maria Amalie jetzt verhalten würde. Ihre Kurfürstliche Majestät entschärfte die Situation charmant. Sie applaudierte der Erzählung. *„Naumann, Er ist unser bester Mann. Bravo, bravo. Wir wissen, dass wir uns auf Ihn verlassen können. In Stockholm und Kopenhagen hat Er bewiesen, dass mit sächsischer Musik gut Staat zu machen ist. Nun besiegen Apollos Waffen gar den Preußen. Hervorragend! Und damit Er nur nicht vergisst, woher Er kommt und wohin Er gehört, werden wir ihn wohl lebenslang an Dresden binden. Er soll weiter die großzügigste Unterstützung erfahren. Die Musikerziehung Unserer Familie* (die Mienen der Prinzessin und ihrer Gefährten verdüstern sich ebenso schnell wie die Schusters) *soll Ihm Seine wertvolle Zeit, Großes zu schaffen, nicht verkürzen – das macht dann doch unser lieber Schuster.*" Sie wandte sich vertraut dem Mann an ihrer Seite zu. Der hatte eine scherzhaft-charmante Bemerkung parat, die Fürstin lachte hell auf, Naumann verneigte sich mit unberührter Miene tief, und die Kinder waren sichtlich erleichtert und begannen wieder, herumzutollen. Wie lange hatte Naumann für eine Gehaltserhöhung kämpfen müssen, und erst jetzt, da der preußische Hof ihn umwarb und ihm eine hochbezahlte Stelle bot, lenkte man in Dresden endlich ein.

Im Herausgehen hörte Naumann die Kinder rufen: *„Schuster, Schuster, mach Er uns den Mozart!*" Diese Worte und die zufallende Tür lösten in Naumanns Kopf eine ganz andere Erinnerung aus: Mozarts Oper „Don Giovanni" dröhnte durch seinen Kopf, während er durch die Säle der Sächsischen Residenz schritt und sich an einen Besuch in Wien erinnerte, als er unentdeckt bei einem Maskenfest Mozart, dem allseits beliebten Mozart begegnete. Das erregte Publikum rief dem Star des Abends damals zu: *„Amadeus! Mozart, Mozart, mach Er uns den Naumann!*" Amadeus hatte gekichert: *„Naumann? Mon Dieu, Naumann? – Ach ja:* (pathetisch:) *Giovanni...* (melodiös:) *Amadeo...* (trocken, und dann barbarisch:) *Naumann.*"

Das Publikum lachte, Amadeus setzte sich ans Klavier und spielte einen marschhaft verhunzten, sauertöpfischen Bach, präludierte ein wenig darüber und leitete zu einem der Quartette über, die man später in Mozarts Nachlass finden würde. *„Da ist mir der Schuster lieber!*"

Naumann verdrängte die quälende und demütigende Erinnerung daran. Er hatte schließlich den Titel als Hofkapellmeister und nicht Mozart, und endlich auch eine Anstellung auf Lebenszeit – er, Johann Amadeus Naumann, war anerkannt, allseits geschätzt und abgesichert und musste sich nicht mit den Kindern beim Unterrichten plagen. Eigentlich war alles gut. Aber er wäre natürlich gern auch beliebt, wie dieser Mozart, und wie dieser Schuster.

Dem Sänger des Tales

1786, Naumann war gerade aus Dänemark zurückgekehrt, wollte er seinen Freund Hans Moritz von Brühl im Rittergut Seifersdorf besuchen. Allerdings war der Hausherr, was immer wieder einmal vorkam, nicht daheim. Bereits seit Jahren versuchte der Sohn des berüchtigten Premierministers eine bezahlte Anstellung zu finden, da das Gut kaum Erträge abwarf – doch bislang vergeblich. Nach dem jahrelangen Erbschaftsstreit waren ihm, seiner Frau und dem damals zweijährigen Sohn 1774 schließlich die Besitztümer in Seifersdorf zugesprochen worden. Der Großteil des Brühlschen Erbes war in den Jahren nach dem Tod von Heinrich Graf von Brühl 1763 konfisziert worden, der Rest wurde unter den vier Brüdern aufgeteilt und reichte kaum, den Familienstammsitz zu erhalten.

Schloss Seifersdorf war in einem erbärmlichen Zustand. In den durch undichte Dächer und defekte Fenster inzwischen unbewohnbar gewordenen Räumen des Hauses waren mit Zwischenwänden einfache Wohnungen für Bedienstete des Anwesens eingerichtet worden, und teilweise wurde im Schloss sogar Getreide gelagert, weil die Dächer der Wirtschaftsgebäude noch dringender der Sanierung bedurften.

Hanns Moritz von Brühl und seine Frau hatten sich daher zunächst das ursprüngliche Verwalterhaus herrichten lassen und wohnten mit dem Sohn Carl nun schon seit über zehn Jahren darin. Solange Brühl keine einträgliche Erwerbsmöglichkeit hatte, flossen die Gelder aus dem Gut in die dringendsten Erhaltungsarbeiten; ein wirklich standesgerechtes Leben als Grafenfamilie war nicht denkbar. Allerdings war es genau das, was sich Brühl für seine junge Frau Tina wünschte. Er hatte gehofft, dass sie abseits vom gesellschaftlichen Leben der Residenz genügend Platz für Gäste finden würden, die hier Zeit und Muße für geistvolle Gespräche oder kreative Prozesse hätten, denn in Dresden waren die Brühls am Hofe nicht gern gesehen. Außerdem sollte Tina ihre künstlerischen Neigungen ausleben können. Wichtig

war auch, dem Sohn eine gute Bildung zukommen zu lassen. Und wenn er selbst etwas mehr Spielraum hätte, und den Kontakt zu Freunden zu pflegen könnte, wäre das schön. Doch hier im Verwalterhaus war es schwierig, standesgemäß Gäste zu empfangen.
Glücklicherweise gab es ja auch noch „das Tal", in das sich Tina schon bei ihrem ersten Besuch in Seifersdorf verliebt hatte. Die Röder hatte sich hier unerwartet tief in die Landschaft gegraben, und die Spannung von Schroffheit und Anmut machte einen besonderen Reiz des Tales aus. In der großen Biegung zwischen zwei Wassermühlen gab es eine geradezu natürlich entstandene Bühne, fast kreisrund mit auf einer Seite steilen Klippen, auf den anderen drei Vierteln eher anmutig ansteigender Landschaft.
Tina hatte eine Vision: Sie sah das Tal als landschaftliche Bühne, die eine Einheit von Natur und Kunst erstehen ließ. Sie betätigte sich mit großer Begeisterung als Gartengestalterin, ließ Wege anlegen, Statuen und Gedenksteine errichten und schuf eine idealisierte Welt eingebettet in das Reich der Natur.
Insbesondere aber war hier, mit Hütten aus Holz, Leinwand und Reisig, genügend Platz, um Freunde zu empfangen, zu bewirten und kleine Konzerte und Theateraufführungen zu veranstalten. Meist lud man auch die Dorfbevölkerung dazu ein und machte aus der Not, kein repräsentatives Schloss zu haben, eine Tugend, fand sich zu idyllischen „Schäferszenen am Busen der Natur" ein, genoss die nur scheinbar zufälligen Sichtachsen auf kleine Tempel und Gedenksteine und ließ die geschickt arrangierte Harmonie der Landschaft wirken. Die Freunde aus der nahe gelegenen Residenzstadt kamen gerne.
Hanns Moritz Graf von Brühls Geburtstag im August war inzwischen ein fester Feiertermin, an dem eine Landpartie ins Seifersdorfer Tal geradezu ein gesellschaftliches Muss war. Tina hatte viel Geschick, die richtigen Kontakte zu pflegen. Man wusste längst, dass sie nicht nur für Goethe schwärmte, sondern mit ihm auch rege zu Gartenbaufragen korrespondierte. So nannte man inzwischen das Seifersdorfer Tal in einem Atemzug mit

Goethes Park an der Ilm. Natürlich hatte ihr Tal ein Programm: große Literaten und ihre Ideale waren nicht einfach verewigt, sondern ihre Gedanken von Tugendhaftigkeit, Verhältnismäßigkeit, von Nähe und Distanz, von Oben und Unten, von Davor und Dahinter waren mit viel Fleiß studiert und mit Sorgfalt in gartenarchitektonische Form gebracht worden. Allerdings sollte die Landschaft nicht nur die hehren Ideale der Empfindsamkeit bedienen, sondern auch an ihr wichtige Menschen erinnern.

Tina, die ihren berühmten Schwiegervater nie kennengelernt hatte, litt sehr unter seiner allgemeinen Missachtung. Er war als Premierminister ein wichtiger und bedeutsamer Mann gewesen, hatte viel für Sachsen geleistet und wurde jetzt auf seine Schwächen und Fehler reduziert. Tina versuchte, sein Gedenken hoch und in Ehren zu halten und mit ihren bescheidenen Möglichkeiten etwas zur Rehabilitation des einstigen Premierministers und wichtigsten Mannes im Staates – vom Kurfürsten einmal abgesehen – beizutragen. So wurde auch ihm ein Denkmal im Tal gewidmet.

Dass sie verschiedene, teilweise unterschiedliche Programmgedanken im Tal zu verbinden suchte, wurde ihr von sogenannten „Fachleuten" als Inkonsequenz ausgelegt – und manche Freunde der Landschaftsgestaltung hatten für sie, die erste und vermutlich einzige Frau ihrer Zeit, die auf diesem Gebiet etwas tat, nur ein überhebliches Lächeln übrig. Auch deswegen war Brühl letztes Jahr mit ihr nach Weimar gereist, wo man natürlich Goethe begegnete. Tinas Charme, ihre frappierende Offenheit und der wissbegierige Carl fesselten den Geheimrat so sehr, dass seine manchmal wenig schmeichelhaften Äußerungen über Tina verstummten.

Im Sommer legte Tina dann ihren Kuraufenthalt in Karlsbad genau in die Zeit, als auch die Weimarer sich dort kurierten. Vermutlich war Tina sogar eine der letzten Damen, die den Geheimen Rat vor seiner spektakulär heimlichen Abreise, wie man sagte nach Italien, gesehen hatte. Naumann ließ die Kutsche um das traurig aufragende, weitgehend leerstehende Schloss herum auf den Hof des Rittergutes fahren. Das Verwalterhaus hatten sich die Brühls schön hergerichtet. Naumann wusste sehr gut, wieviel Arbeit, Mühe und Geld in einem solchen Bau steckten, denn er hatte mit seinem Haus in Blasewitz eigene Erfahrungen sammeln können und manchen finanziellen Engpass überwinden müssen.

Der Wagen hatte kaum gehalten, da erschien schon Tina selbst in der Tür. Übermütig und fast wie ein kleines Kind kam sie ihm entgegen: *„Naumann, mein lieber Naumann, wie freue ich mich, dass Sie uns in unserem bescheidenen Hause beehren!“*

Naumann lächelte, deutete einen übertrieben galanten Handkuss an und fragte nach dem Hausherren.

„Mein Brühl ist aus!“, antwortete Tina überschwänglich und ergänzte mit theatralisch-tragischem Augenaufschlag: *„Er hat mich verlassen und wird wohl nie...“*, sie modulierte das lange „i“ zu einem *„nicht vor morgen Abend zurückkehren!“*

Lachend warf sie ihren Kopf zurück. *„Naumann, Er hat mir gefehlt! Unbedingt muss Er mir von Kopenhagen erzählen! Und von dem geheimnisvollen Fräulein Vizeadmiralstochter!“*

Naumann setzte zu einer Erwiderung an: *„Verehrte Gräfin, das ist...“*, doch sie fiel ihm ins Wort: *„Naumann, wie oft habe ich es Ihnen schon untersagt, mich Gräfin zu nennen. Diesen Titel hat mir mein Mann vermacht, der ihn von seinem Vater hatte, der hierzulande heute vergessen und totgeschwiegen wird. Mein Adel ist nichts als angeheiratet und überhaupt nichts wert!“*

Naumann parierte sofort: *„Alors, Madame Comtesse...“*

Doch auch mit dieser Anrede war Tina nicht einverstanden: *„Naumann, versuchen Sie nicht mich einzuwickeln! Ich weiß, dass Sie eine gute französische Zunge haben, aber ich habe meinem Mann hoch und heilig versprochen, mich des Deutschen, des wahren Deutschen zu bedienen – aber kommen sie doch herein, immer herein!“* Sie fasste ihn, der unschlüssig vor der Haustüre stehen geblieben war, bei den Händen und zog ihn ins Haus. Er wehrte sich halbherzig: *„Ich wollte Ihnen wirklich*

keine Umstände machen, Gräfin, auch weiß ich nicht, ob es schicklich ist, wenn Ihr Mann nicht im Hause weilt..."
Tina setzte ein spitzbübisch-verschwörerisches Lächeln auf: „*Naumann, jetzt hör' Er aber auf. Wir kennen uns so lange. Er ist völlig ungefährlich!*"
Noch bevor Naumann auf die seiner Männlichkeit wenig schmeichelhafte Bemerkung reagieren konnte, wendete Tina sie zu einem Kompliment: „*So wie mein Adelstitel angeheiratet ist, haben Sie sich ihn erworben, protestieren Sie nicht: Herzensadel, wahre Menschlichkeit, die zu keinem Betrug niemals nicht in der Lage ist. Sie leben die Ideale, denen wir gewöhnliche, nicht kunstbegabte Menschen uns nur immer strebend anzunähern bemühen können.*"
In diesem Augenblick hatte sie eine Idee. Sie hörte auf, Naumann ins Haus zu ziehen, sondern drehte ihn auf der Stelle. Naumann ließ sich alles gefallen. Der jungen, charmanten Frau, die sich ganz offensichtlich über seinen Besuch freute, konnte man nichts übel nehmen.
„*Naumann, Sie sind der einzige Mann, der wirklich versteht, was sich im letzten Jahr verändert hat. Sie sind der Mann, der verstehen wird, was wir uns erdacht und entwickelt haben. Und was wir planen. Kommen Sie, kommen Sie! Es macht Ihnen doch nichts aus, mit mir ein Stündchen zu spazieren?*"
„*Aber gerne*", hätte er erwidern wollen, ahnte er doch schon, dass es ins Tal gehen würde, wo sie ihm zeigen wollte, was zu Brühls Geburtstag, als er selbst im Ausland weilte, neu im Tal geschaffen worden war. Aber Naumann war bislang kaum zu Wort gekommen, und das sollte sich zunächst auch nicht ändern. Tina hakte sich bei Naumann unter, rief nach der Zofe um einen Mantel überzustreifen, Hut und Handschuhe in Empfang zu nehmen und löste sich aus Naumanns Arm, nur, um die Kleidungsstücke überzuziehen. Im Hinausgehen rief sie nach Ihrem Sohn: „*Carl, hat Er gesehen, der Naumann ist da, ich geh' mit ihm ins Tal, will Er mitkommen?*"
Aus dem oberen Geschoss kam ein leicht genervtes „*Mutter!*" –

„Ist ja schon gut", erwiderte Tina, *„Wir sind in einem Stündchen zurück, dann kann Er dem Herrn Hofkapellmeister noch Seine Referenz erweisen – Naumann, Er bleibt doch zum Essen? – Keine Widerrede, Er speist mit uns."*
„Ja, Maman?", rief Carl von der oberen Etage.
„Lass Er sich nicht von seinen Studien abhalten!", antwortete Tina, brach in ein übermütiges Lachen aus und schritt mit Naumann ins Freie. *„Mein lieber Naumann..."*, sagte sie, während sie sich vertraulich plaudernd auf den Weg in Richtung Tal machte, *„Erzähl Er mir etwas von Dänemark."*
Naumann setzte an, um von seinen Reformbemühungen an der königlichen Kapelle in Kopenhagen zu erzählen, doch sie unterbrach ihn sogleich: *„Er wird das zu aller Leute Zufriedenheit geregelt haben, da bin ich mir sicher, aber Er weiß, dass ich anderes, Wesentlicheres hören möchte..."*
Naumann hielt kurz inne und schaute der ihm so vertrauten jungen Frau von der Seite ins Gesicht. *„Nun, der ‚Orpheus' war ein großer Erfolg! Man streitet zwar, ob nun der Italienische oder der Französische Stil der Richtige sei, aber ich denke..."* – *„Naumann, Er weicht mir aus! Ich habe von Musik doch gar keine Ahnung!"* Das war natürlich eine faustdicke Übertreibung und Naumann protestierte heftig. Tina nahm das provozierte Kompliment gern an, bohrte dann aber doch in der eingeschlagenen Richtung weiter.
„Wenn Frau Gräfin hören wollen, dass ich mich anderweitigen Verpflichtungen aufgeschlossen zeigte, muss ich antworten: Ja, ich habe den Kurfürsten gebeten, meinen Vertrag zu lösen, und er hat es höflich aber bestimmt abgelehnt. Er selber hat mich noch nicht gehört, seit ich zurück bin, aber die Kurfürstin wollte mich unbedingt sprechen."
Tina reagierte etwas unwillig, denn ihre eigentliche Frage zielte natürlich auf Naumanns persönliche Befindlichkeiten. Aber sie wusste sich schnell zu kontrollieren. Ihr war klar, dass es Naumann wichtig war, über seine Stellung zu sprechen, über den Erfolg, den er in steter Mühe zu mehren gedachte. Es war für die

Gräfin immer ein Rätsel gewesen, woran es lag, dass Naumann so viel Wert auf Reputation legte. Aber sie hatte gelernt, es zu akzeptieren. Sie wusste, dass er es für eine große Leistung hielt, aus niedrigstem Stand, nur durch seine eigene Arbeit und das eigene Können, bis in die angesehene gesellschaftliche Stellung eines Hofkomponisten aufgestiegen zu sein. Sie wusste, manche der vertraulichen Informationskanäle ihres Schwiegervaters funktionierten auch heute noch, dass der Hof Naumann eine gut dotierte Stellung auf Lebenszeit verbunden mit manchen Vergünstigungen und dienstlichen Entlastungen angeboten hatte und dass er angenommen hatte. Aber ihr war klar, dass er es ihr als großen Erfolg selber vermelden wollte, und sie gönnte ihm diesen Triumpf. Und nachdem Naumann alles berichtet hatte, nur die für ihn persönlich verletzende Einschränkung, dass der Musikunterricht für die kurfürstliche Familie weiter dem Konkurrenten Schuster überlassen worden war, verschwieg er, zollte sie ihm gebührende Anerkennung: *„Und ich befürchtete schon, Er habe sein Herz in der Fremde verloren!“*

„Gräfin, Euer Blick geht immer tiefer, als es einem Mann lieb sein kann.“

„Naumann, wie lange kennen wir uns jetzt? Und da hatte ich doch gedacht, dass ihn die Gefühle einer ‚baltischen Edelfrau‘ mehr binden, als es eine nordische Schönheit könne.“

Naumann blieb wie vom Donner gerührt stehen. *„Woher wisst Ihr...?“*

Tina hatte den abrupten Stopp genutzt und sich ihm direkt zugewandt. Mit ihren Sätzen hatte sie sowohl angedeutet, dass ihr Naumanns Zuneigung zu Elisa von der Recke vor seiner Kopenhagen-Reise nicht verborgen geblieben war und auch, dass sie etwas von einer Schwärmerei in Kopenhagen ahnte. Jetzt legte sie den Kopf zur Seite und blinzelte mit den Augen, was wohl nicht nur mit der tiefstehenden Sonne, die ihr direkt ins Gesicht schien, zu tun hatte.

„Was weiß ich?“, fragte sie fast spitzbübisch. *„Dass Ihr der Recke gegenüber nicht gleichgültig seid, oder dass eine schöne*

junge Dänin Sein Herz bewegt...?" – *„Meine Verehrung für Frau von der Recke war und ist rein geistiger Natur! Ich hatte nie auch nur einen Gedanken...*", entgegnete Naumann entrüstet.

„Er muss sich nicht rechtfertigen, Naumann. Sie ist eine schöne und anziehende Frau von unbezwinglichem Geist und großer Aura. Aber Er hat Recht, sich nicht zu eng an sie zu binden. Ich schätze ihre Geistesgröße, aber ich denke, die Zuwendungen der Zarin haben ihren Lebenswandel in einer Weise befreit, der sie für eine neue Ehe untauglich macht."

Naumann wollte protestieren, doch Tina ließ ihn nicht zu Wort kommen: *„Unsere liebe, schöne Dichterin plant ein Buch, wogegen ihre Auslassungen gegenüber Cagliostro ein schlichtes Naturgedicht sind. Glauben Sie mir, Naumann, ich rede mit Engelszungen auf sie ein, dieses Buch, das in ihrer Schublade Blatt für Blatt wächst, nicht zu veröffentlichen. Einen solchen Geniestreich wie mit ihren vorherigen Auslassungen, die sie mit einem Schlag bekannt, im diffusen Zwielicht des Lasters, dem hellen Schein der Aufklärung und im Strahl tugendhafter Reinheit zugleich leuchten ließen, kann sie nicht wiederholen. Naumann, Er macht auf Ihre Verse große Musik und sie entfaltet für seine Melodien lyrisches Ebenmaß, aber mehr... Nein, Naumann, da hat der Einfluss kühlen nordischen Klimas nur Gutes bewirkt!"*

Naumann verstand die sinnigen Anspielungen und indirekten Aussagen genau. Elisa von der Recke war, seit ihrem mutigen wie skandalösen Bericht über den Hochstapler Alessandro Graf von Cagliostro, eigentlich Balsamo, wirtschaftlich unabhängig. Zarin Katharina die Große hatte ihr als Anerkennung eine lebenslange Rente gewährt. Von dem zweiten Buch hatte er nur eine ungefähre Ahnung, aber Tina wusste offenbar mehr.

Inzwischen hatten die beiden, querfeldein gehend, die Baumgrenze erreicht und Tina zog Naumann auf einem sich steil ins Tal schlängelnden Weg hinunter. Eigentlich bevorzugte Naumann die breiteren Wege unten im Tal, aber Tina hatte es offenbar eilig, ins Zentrum des von ihr ausgebauten Landschaftsgartens zu kommen.

Sie stiegen den Pfad hinab, der direkt neben der Marienmühle endet. Naumann vermeinte, sich nun nach rechts wenden zu müssen in Richtung der Sängerwiese, wo alljährlich die großen Sommergesellschaften veranstaltet werden. Sogar Opernausschnitte waren hier schon gegeben worden – Tina und Hanns waren gute Sänger und das Landvolk wurde mit Kostümen ausgestattet und spielte mit Feuereifer die Statisterie. Die Feste endeten immer mit gutem Essen und Trinken für alle – das ließen sich die von Brühls nicht nehmen. Allerdings wussten die meisten der wohlhabenden Gäste aus der Stadt, dass man in die griechische Vase im „Tempel der Wohltätigkeit“ gerne eine großzügige Spende für Essen und Trinken einwerfen durfte.

Tina aber wandte sich nicht in Richtung Sängerwiese, sondern zog Naumann links an der Marienmühle vorbei. Sie überquerten auf der zur Mühle gehörenden Brücke den Mühlgraben und die Röder und stiegen dann einen gewundenen Pfad, der sich in den Wald hineinzog, selten benutzt wurde und also offenbar noch nicht zu einer der vorhandenen Staffagen führte, hinauf. Nach einigen Metern durch den Wald kreuzte ein kleines Rinnsal den Pfad, das von einer Quelle linkerhand nach rechts in Richtung Röder floss.

Nun löste sich Tina von Naumann, nicht ohne ihn direkt an die Quelle geführt zu haben, um ihm nun den Blick von hier hinunter ins Tal zu zeigen. An einigen Stellen waren Bäume und Sträucher bereits zurückgeschnitten und gaben schöne Blicke auf andere Staffagen im Tal frei; an anderen Stellen wurde offenbar derzeit gearbeitet. Naumann genoss den Blick. Er hatte gelernt, mit seinen Äußerungen und Vermutungen zum tieferen Sinn solcher Gedenkorte zurückhaltend zu sein. Und Tina war es unglaublich wichtig, ihre Gedanken im Anderen gespiegelt und verstanden zu wissen. Naumann wusste, dass Worte in solchen Momenten eher stören würden. Ein verständnisvoller Blick, ein tiefes Atmen, vielleicht eine gesummte Melodie ließen die junge

Frau mehr ahnen als wissen und ließen die empfindsame Verbundenheit, den Gleichklang ihrer Herzen im Ungefähren und damit im Gefühl des Anderen schwingen.
Tina, die nun dicht hinter Naumann stand, begann zu rezitieren: *„Schöpfe schweigend. ‚Warum?‘ So schöpfe nicht. ‚Und warum nicht?‘ Nur dem stillen Genuss ström' ich erquickenden Trank.“*
Naumann wartete einen Augenblick bis er sicher war, dass das Zitat – er vermutete, dass es aus dem unlängst erschienenen Herder-Bändchen stammte – zu Ende sei. Dann wandte er seinen Kopf Tina zu, deren schönes Gesicht jetzt dem seinen ganz nahe war. Ihre großen Augen schauten erwartungsvoll direkt in seine. Er hielt einen Moment diesen tiefen Blick aus, dann senkte er langsam den Blick wieder zurück ins Tal. Wieder nickte er bedeutungsschwer und summte eine kleine Melodie. Er hörte Tinas erregten Atem direkt an seinem Ohr, spürte geradezu körperlich die bevorstehende Frage, ob ihn dieser Spruch, dieser Blick jetzt zu einer Musik inspiriert habe. Aber er schüttelte nur leicht und langsam den Kopf, und sie ahnte, dass sie diesen Moment jetzt mit keiner Frage stören durfte. So berührte sie ihn nur schweigend und flüchtig kurz an der Hand, sodass er sich zu ihr umdrehte.
Schweigend wandten sie sich wieder zum Dorf zurück. Erst als sie das Tal bei der oberen Mühle verlassen hatten, begann Tina, ihre Pläne genauer zu erläutern. Sie erklärte Naumann, welche Sträucher noch zurückgeschnitten und gerodet werden sollen, mit welchen Steinen die Quelle gefasst und wie der Spruch, den sie zitiert hatte – es war tatsächlich einer von Herder – in Stein gehauen an der Quelle platziert werden sollte.
So erreichten sie wieder das Rittergut. Inzwischen war die Sonne fast untergegangen und Naumann blieb gerne zum Nachtmahl, bei dem er nun auch den Sohn der Familie begrüßen konnte. Der überaus feinsinnige, kluge Kopf war ein schöner Junge, der inzwischen fast so groß wie seine Mutter war und mit Naumann regelrecht diskutieren konnte. Der junge Carl interessierte sich für Oper und Naumann gab ihm gerne Auskunft über die Erfah-

rungen, die er in Schweden und Dänemark gesammelt hatte. Diese große Welt war für Carl noch unentdecktes Land, und er hing an den Lippen des Kapellmeisters. Außerdem genoss Naumann, dass zwischen Sohn und Mutter ein sehr freundlicher, zuvorkommender Ton herrschte, der sicher auch dem geringen Altersunterschied und den ähnlichen Interessen geschuldet war. Andererseits spürte Naumann, und das machte ihn jedes Mal froh, wenn er hier war, mit wie viel Geschick und Geschmack der junge Mann zu Studien angehalten wurde, die ihn zu einem für sein Alter ausgesprochen reifen Jungen hatten werden lassen.

Naumann und die Männer

Naumann hat erst im Alter von fünfzig Jahren geheiratet. Eine „Aufklärung“ im heutigen Sinne hatte es damals nicht gegeben. Alles, was ihm der Vater über die Weiber und wie man mit ihnen verfahren solle, erzählt hatte, stand unter dem mütterlichen Vorzeichen *„Werd‘ bloß nicht wie der Vater!“*, und das machte Naumann vielleicht auch irgendwie Angst. Und bevor der Vater begriffen hatte, dass es an der Zeit war, seinem Sohn die wichtigen Dinge des Lebens zu erklären, war der schon mit Wesström in die weite Welt gezogen. Seitdem war Naumann überwiegend von Männern umgeben.

Der Geiger hatte ihn mit nach Italien genommen, und Naumann war bei ihm geblieben, trotz vieler Vorhaltungen und Beschimpfungen. Manch einer mag sich darüber das Maul zerrissen haben. Tartini hatte dem Heranwachsenden kostenlos Unterricht gegeben, Naumann hatte den Meister über alles verehrt – noch als Hofkapellmeister in Dresden soll sein Bild neben dem seiner Frau in seinem Arbeitszimmer gehangen haben.

Neben Tartini gab es seinerzeit noch den Gönner Streidt, der ihm „einen Anzug“ vermachte, den Naumann in einem Brief als komplette Garderobe beschrieb, und auch sonstige Vergünstigungen und Geschenke zukommen ließ.

Außerdem zog Naumann nach dem Zerwürfnis mit Wesström zu zwei jugendlichen Musikern – Hunt und Eiselt. Und natürlich reiste er mit Männern.

All dies erzählte er gern und ungezwungen, und es war damals auch absolut üblich unter Männern zu leben. Doch Liebschaften und Frauengeschichten tauchten in seinen Erzählungen nur selten auf, auch wenn er nachweislich zahlreiche Schülerinnen hatte und sich zeitweise auch mit jungen Sängerinnen und Schülerinnen, die bei ihm studierten, die Wohnung teilte.

Das Theaterleben war zu dieser Zeit jenseits der herrschenden Moral verortet, man ging regelrecht davon aus, dass Theatermenschen, Sängerinnen und Kastraten es mit Treue und Familie nicht so genau nahmen. Diesen Eindruck wollte Naumann sicherlich mit Blick auf seine Mutter, aber bestimmt auch in Folge seiner protestantischen Erziehung, der treu zu bleiben er ihr versprochen hatte, auf jeden Fall vermeiden. Der Wunsch, in seinen Erzählungen jegliche Schilderung von Begegnungen mit Frauen, abgesehen von den offensichtlich platonischen, zu vermeiden, kann natürlich bis heute in die Vermutung umschlagen, dass er sich eher für Männer interessierte. Indizien könnte man manche finden– es bleibt aber reine Spekulation.

Homosexualität war zwar kirchlich geächtet und stand außerhalb des gesellschaftlichen Verhaltenskodex, aber natürlich wurde sie nicht nur in Künstlerkreisen auch ausgelebt. Dass beispielsweise Gustav III. von Schweden homosexuell war, gilt heute als erwiesen. Und ausgerechnet dieser Monarch hatte eine geradezu schwärmerische Zuneigung zu Naumann gefasst. Erzählt wird beispielsweise, dass Gustav Naumann bei seiner Abreise aus Stockholm folgte, und ihm, mit einem weißen Gewand bekleidet, am Schiff einen geradezu theatralischen Abschied inszenierte.

Naumann hat jedoch, soweit es überliefert ist, Männern wie Frauen gegenüber immer große Zurückhaltung gezeigt. Für ihn war die Freundschaft das Ideal, das er gern beschrieb, in seinen Liedern pries und mit großen Persönlichkeiten lebte – denke man nur an Elisa von der Recke oder Anton Graff, mit denen er sogar die Wohnung teilte. Über eventuelle Lüste und Begehrlichkeiten, über das „Dionysische“, das ja neben dem „Apollinischen“ ebenso existiert, über Liebe jenseits von Philia und Agape, über Eros und Sexus deckte er lieber den Mantel des Schweigens.

Seine späte Heirat mit Katharina Grothschilling scheint auch stark auf Betreiben von Elisa von der Recke zustande gekommen zu sein, deren eigene Ambitionen auch nicht ganz eindeutig sind. Hier täten sich weitere, nicht zu belegende, dafür aber überaus reizvolle Themen für unterhaltsame Geschichten auf.

Naumann, Körner und Schiller

An einem Januarabend 1787 traf man sich in Naumanns Palais in Blasewitz zu einer seiner beliebten Soireen. Endlich war er dazu gekommen, den Freunden seine Vertonung von Schillers „Ode an die Freude" vorzustellen. Die Zeilen hatte der junge Dichter Minna Stock zu deren Hochzeit mit Körner geschenkt. Naumann hatte sofort begonnen, die hymnischen Verse in Musik zu setzen, obwohl Körner selbst auch sogleich zu komponieren begonnen hatte.

Nun war der Dichter Friedrich Schiller selbst auch anwesend. Allerdings unterhielt er sich den ganzen Abend interessiert und angeregt fast ausschließlich mit Elisa von der Recke und schien sich für Naumann und seine Vertonung kaum zu interessieren. Vermutlich fragte Schiller die Recke über den Grafen Cagliostro aus, der in Europa für Furore gesorgt hatte. Von der Recke hatte Cagliostros Machenschaften entlarvt und Zarin Katharina rechtzeitig vor den dubiosen Schwindeleien des Alchimisten und Hochstaplers gewarnt – so hatte sie sich die Dankbarkeit der Herrscherin und ein sicheres Auskommen erworben. Schiller plante hingegen gerade einen mehrteiligen Schauerroman um einen Geisterseher für die Zeitschrift „Thalia" und war ganz in das Gespräch mit Elisa vertieft, als man ihn um seine Meinung zu Naumanns Oden-Vertonung fragte.

Er tauchte regelrecht aus seinem Gespräch mit Elisa auf, orientierte sich kurz und versuchte eine peinliche Stille zu verhindern, da sich nun alle ihm zugewendet hatten. *„Ja, ich mag das Liedchen. Dafür, dass mein Gedicht doch ein recht aufgeblasener Text ist, ganz bestimmt nicht eines meiner Meisterwerke, hat der Maestro doch eine schöne, leichte, geradezu hüpfende Melodie dazu gefunden. Das nimmt den Worten ihr unangebrachtes Pathos*", sprach es und wandte sich wieder der schönen Baltin zu.

Elisa zog die Augenbrauen zu einer steilen senkrechten Falte zusammen, kam jedoch nicht dazu, dem Dichter, der offenbar ausgiebig vom sächsischen Wein gekostet hatte, auf sein Urteil anzusprechen, da ihre Schwester Dorothea zu ihr kam und zum Aufbruch drängte.

Dorothea von Kurland hatte drei kleine Kinder und auch, wenn es natürlich verlässliches Personal gab, das die Kinder versorgte, und sie gern in solchen kunstsinnigen Kreisen, wie diesem hier beim Hofkapellmeister Naumann in Blasewitz, verweilen wollte, war es ihr wichtig, die abendlichen Gesellschaften nicht zu lang auszudehnen. Daher hatte sie die Kutsche vorfahren lassen, um nach Dresden zurückzukehren. Man nickte hier und da, verabschiedete sich vom Gastgeber, der traurig über den frühen Aufbruch, aber wie immer verständnisvoll für die Situation war, und verließ das Naumann'sche Palais. Auch Minna Körner nutzte die Gelegenheit des Aufbruchs. Nur ihr Gatte, Christian Gottfried Körner, hatte noch gar keine Lust auf eine Heimkehr in die Stadt. Die frische Luft, der Wein und die anregenden Gespräche hielten ihn zurück.

„Fahrt nur nach Dresden. Wir bleiben mit Schillern hier, spazieren zum Weinberghaus und übernachten dort", rief er Minna ungezwungen durch den Raum zu. Die unangemessen lauten Worte des Oberkonsistorialrates waren wohl auch dem guten Wein im Hause Naumann zuzuschreiben.

„Aber um diese Zeit sind die Fährmänner doch schon zu Bette", antwortete die besorgte Minna, die um ihren Gatten fürchtete.

„Dann nächtigen wir eben bei Naumann", antwortete Körner mit einem Blick zum Gastgeber.

„Sorgt euch nicht, liebe Minna. Wir werden eine Lösung finden und zur Not werden Euer Gatte und Schiller die Nacht sicher und geruhsam hier verbringen."

Naumanns Worte beruhigten Minna, die genau wusste, dass man den Männern ihre abendlichen Dispute lassen musste. Sie ließ die Mäntel bringen, die Kutschen fuhren vor und eine ganze Kolonne von Kaleschen machte sich mit den Damen auf den Weg in Richtung Residenzstadt.

Körner und Schiller genehmigten sich hingegen noch ein Glas

Wein und beschlossen, doch sogleich in Richtung Elbe zu spazieren. Schiller war sich sicher, dass „die Gustel“ auch noch zu später Stunde eine Überfahrt organisieren könne, denn in der Fleischerschen Schankwirtschaft direkt an der Elbe, wo er das gut gebaute junge Serviermädel kennengelernt hatte, war gewiss noch Betrieb. Und wenn dort kein Fischer wäre, der sich ein paar Groschen für die Überfahrt verdienen wollte, wüsste Gustel ganz bestimmt, wen man auch um diese Zeit noch für einen Fährdienst herausklopfen könne.

Naumann wusste schon, dass Justine, die Wirtstochter, Eindruck auf Schiller gemacht hatte. Jeder sprach über seine Besuche in der Schankwirtschaft und seine Schwärmerei für das Mädchen. Sie galt in Blasewitz als Dorfschönheit, hatte sich aber schon mit dem Anwalt Renner aus Leuben verlobt, was Naumann allerdings für sich behielt.

Auch Körner musste das wissen, denn die Rechtsgelehrten kannten sich schließlich untereinander. Aber auch Körner hatte dem schwärmenden Schiller offenbar nichts gesagt! Und man musste ja keinen Unfrieden stiften.

Naumann bot den beiden nochmals an, bei ihm zu übernachten. Als sie ablehnten, bestand er darauf, sie bis zur Fährstelle zu begleiten. Er war hier zu Hause, kannte jeden Stock und jeden Stein und wusste, wo es jetzt in einer kalten Januarnacht glatt sein konnte. Zwar wohnte er nicht mehr in dem kleinen Haus der Eltern und in den letzten Jahren hatte sich manches verändert, aber er fühlte sich deutlich nüchterner als die beiden Dichter und wollte die beiden gut gelaunten Freunde nicht einfach ziehen lassen.

„*Bruder, reich die Hand zum Bunde!*“, zitierte Schiller, der nach der Abreise der Damen nun die letzte Contenance und Zurückhaltung verloren hatte und sich schwer auf seinen Freund Körner stützte.

„*Diese feierliche Runde…*“, setzte Körner fort, „*Naumann! Schau er nicht drein wie drei Tage Regenwetter. Komm, schenk er uns und sich noch ein Gläschen ein, die Nacht draußen ist kalt, das Leben ist kurz, und so jung wie jetzt kommen wir nicht mehr zusammen... Sei Er kein Spielverderber!"*

Naumann wollte ganz bestimmt kein Spielverderber sein. Elisa hatte ihm von dem jungen Schiller geschwärmt: seiner Begabung, seinem klaren Verstand und seiner pointierte Sprache. Er sei ein Dramatiker, meinte sie, der dem deutschen Theater weit mehr und nachhaltigere Impulse geben würde als – und hier hatte sie sich vorsichtshalber umgesehen, dass niemand diese für manche hochverräterischen Worte hören konnte – als der Geheime Rat und Theaterdirektor in Weimar.

Als sie sich vorhin verabschiedet hatte, konnte sie die Frage in seinen Augen lesen, ob sie ihre hohe Meinung vom kommenden Stern am Poetenhimmel revidieren wolle, doch Elisa hatte nur gelächelt und verschwörerisch hinter ihrem Fächer gemurmelt:

„Es können nicht alle immer so beherrscht und diszipliniert sein wie Er, Naumann. Und Schiller ist auch ein wenig jünger. Lassen Sie ihn nur, mit der rechten Führung und Leitung..."

Dann hatte sie ihn so von unten her angesehen, dass er genau wusste, wie dieses „führen und leiten", insbesondere wenn sie, die Recke, es selber übernähme, funktionieren könne. Auch er selbst wurde bei ihr immer weich wie Wachs und war bereit, alles zu tun, um ihre Hochachtung und Bewunderung zu erringen.

Naumann wusste, dass er dieser Frau verfallen war, und sie würde ihn wie ein dressiertes Hündchen an der Nase herumführen können, wenn sie nur wollte. Doch sie waren Freunde und das sollte auch so bleiben.

„Kümmern sie sich um Schiller!", hatte sie im Hinausgehen in fast befehlendem Ton gesagt. Also griff sich Naumann eine Weinflasche, und während er auf der verlassenen Tafel noch nach Gläsern Ausschau hielt, kamen die beiden sich gegenseitig stützenden Freunde schon herbei, nahmen sich selbst eine Flasche und setzten sie kurzentschlossen an den Mund.

„Prost! Es lebe die Freundschaft!", rief Körner.

„Und wer's nie gekonnt, der stehle weinend sich aus diesem

Bund!" – „*Großartig!*", rief Naumann, stellte seine Flasche wieder ab und legte sich den schweren Mantel über. Der Diener half den beiden anderen Männern mit der Überkleidung.
Während Naumann nach seinem schweren, silberbeschlagenen Stock griff und sich den Dreispitz aufsetzte, wickelte sich Schiller theatralisch einen Schal um Hals und Kopf und Körner setzte sich seinen modernen Kastorhut auf.
„*Andiamo!*", „*Alors!*" und „*Voran, voran!*", feuerten sich die Männer gegenseitig an. Naumann griff sich noch schnell eine Laterne und leuchtete nun den illustren Gefährten, als sie in das dunkle Blasewitz hinaustraten.
„*Naumann, Er mag ein großer Künstler sein, aber Er ist auch ein stocksteifer Hund!*", ließ sich jetzt Schiller vernehmen. „*Er muss immer nach oben gucken!*"
In diesem Augenblick rutschte Schiller auf einer zugefrorenen Pfütze aus, und Körner hatte alle Mühe, einen Sturz zu verhindern.
„*Friedrich, Du solltest jetzt besser nach unten schauen, um zu sehen, wo Du hinlatschst! – Naumann, nehm' Er's ihm nicht übel, er ist ein Revolutionär. Er würde gerne alle Erben enterben und allen Guten ihr Gut nehmen. Aber was wäre denn, wenn der Plebs den ganzen Reichtum hätte? Verfressen und verhuren täten sie ihn. Ja so isses. Man muss Adel haben, meinethalben Klugheit, aber vor allem Adel, um vernünftig mit dem Reichtum umzugehen. Adel ist Mensch, hilfreich und gut! Großmut. Nicht wahr?*"
„*Solch ein Unfug!*", wetterte Schiller dagegen, „*Und solche Worte aus Deinem Munde! Die Güte des Menschen ist nicht angeboren, sondern erworben. Man muss sie herausbilden, man muss das Schöne den Menschen vor Augen stellen!*"
Beinahe wäre Schiller, der sich in großer Geste von Körner gelöst hatte und auf die noch erleuchteten Fenster des Schankhauses zuwankte, gegen einen abgestellten Heuwagen gelaufen. Hektisch griff er zu, um zu verhindern, dass er in den Schmutz rutschte. Naumann sprang schnell herbei und leuchtete ihm. Im

Schein der Laterne wirkte Schillers Gesicht gespenstig entstellt. Er erkannte Naumann und reagierte erstaunlich schlagfertig: *„Nein, man muss das Schöne vor die Ohren bringen. Ja. Musik! Musik kann den Menschen erheben! Vielleicht sogar mehr als das Wort. Sie erreicht die Seele, nicht nur den Verstand, und sie verleiht dem Augenblick so etwas wie Dauer. Und Er, Naumann, Er weiß ja, wie es ist, wenn man ganz unten anfängt. Krischan, guck*“, sagte Schiller, während er sich vom Leiterwagen stieß. Er schnellte auf Naumann zu, warf ihm einen Arm über die Schulter, ihn halb haltend, sich halb auf ihn stützend: *„Schau Körner, hier sind zwei armer Leute Kinder, die dennoch tugendhaft und weltgewandt sind. Und er…*“, er versuchte etwas Abstand zwischen sich und Naumann zu bringen, ohne gleich zu Boden zu gehen, aber auf Naumann zeigen zu können, *„…und Er hat es ja nicht nur geistig-intellektuell geschafft, sondern, wie man an dem schönen Palais, dem leckeren Essen und diesem vorzüglichen Wein sieht*“ – er versuchte aus der Flasche, die er irgendwo aus den Tiefen seines Mantels hervorgeholt hatte, zu trinken, stellte aber fest, dass sie leer ist – *„Oh schade, alle! – aber jedenfalls kann man daran sehen, dass er es nach oben geschafft hat. Ich bin ja nach wie vor auf Deine Almosen angewiesen, esse und trinke bei Dir sozusagen auf Kredit für meinen zukünftigen Weltruhm.*“

Schiller hielt kurz inne und wechselte dann abrupt das Thema. *„Übrigens hat mir die Schwägerin des wiederernannten Kurländers eine Geschichte geschildert, die ich zu einem Roman machen kann, wie Du ihn Dir schon immer von mir gewünscht hast. Ehrlich!*“ Dabei blickte er zu Körner.

„Ein Roman? Ich denke Er ist Dramatiker. Seine Gedichte und seine Balladen sind Theaterstücke und seine Theaterstücke sind eine Offenbarung“, warf Naumann ein.

„Naumann, Er ist mein Held!“, bestätigte Schiller. *„Das ist das, was ich immer sage. Aber der Mensch hier, der mir Essen und Trinken, Kleidung und Logis bezahlt, dieser Mensch, auf den ich angewiesen bin wie ein Diener auf seinen Fürsten, dieser Text-*

drucker und Buchverkäufer, der will von mir einen Roman! Und er soll schaurig sein und spannend. Die Leute soll es gruseln – also nicht wegen der Sprache, sondern wegen des Inhaltes – so etwas will Er von mir! Kann Er sich das vorstellen?“
Naumann konnte es sich sehr gut vorstellen. Die meiste Zeit seines Lebens hatte er immer das komponiert, was die Leute hören wollten. Kunst geht nach Geld, so ist das eben. Erst jetzt konnte er es sich leisten, Stücke zu komponieren, weil sie ihm selbst wichtig waren. Das „Vaterunser“, die Psalmen, protestantische Kirchenmusik, wie sie bei den Herrnhutern gerne gehört wurden. Auf seinem langen Weg hatte er auch Mäzene gehabt, die ihn unterstützt hatten und ohne diese würde er vielleicht kein Komponist geworden sein.
„Ich kann es mir sogar gut vorstellen“, entgegnete Naumann. Und was war schon schlecht an Körners Fürsorge? Nicht nur, dass er großzügig Schillers Leben finanzierte, er machte ihn auch noch darauf aufmerksam, mit welcher Literatur man seine Leser und deren Geldbeutel am besten erreichte. *„Vielleicht kann Er auch...“*, setzte er nun vorsichtig an, *„...ein Libretto für mich schreiben? Ich werde in diesem Jahr wieder in Berlin sein. Der preußische Hof hat ein Faible fürs Nationale. Dort könnte man sich eine deutsche Oper gut vorstellen. In Stockholm hat man voriges Jahr einen nationalen Stoff mit meiner Musik auf die Bühne gebracht, und der Erfolg war ganz fulminant. Überleg‘ Er es sich.“*
„Naumann, Ihr habt Visionen! An den Ufern der Elbe gebären wir die Idee einer nationalen Oper – das ist ein ganz neues Kapitel“, warf Körner ein. *„Schiller, ihr seid jung und habt Energie, könnt neue Wege beschreiten und in die Geschichte eingehen!“*
Schiller schwieg und blickte auf das dunkle Wasser der Elbe.
„Ihr schweigt, Schiller?“, fragte Körner besorgt.
„Herr Oberkonsistorialrat, ich halte nur nach dem Fährmann Ausschau, der uns ans sichere Ufer bringt“, erwiderte Schiller etwas nüchterner. Und tatsächlich erblickten sie in der Ferne einen Fischer, der gerade seinen Kahn festband. Körner und

Schiller beschleunigten ihre Schritte, während Naumann stehenblieb und aus gewisser Distanz beobachtete, wie die beiden auf den Mann einredeten, der sich offenbar nicht so leicht überreden lassen wollte, die angetrunkenen Männer überzusetzen. Da trat Naumann auch näher, hob die Laterne in Kopfhöhe und erkannte Miroslaw.

„*Maestro Naumann, will er übersetzen? Es wäre mir eine Ehre!*“ – „*Nein Mirko*“, antwortete Naumann. „*Aber Du würdest mir eine Freude machen, wenn Du meine beiden Freunde hier sicher nach Loschwitz bringen könntest. Der Herr Oberkonsistorialrat Körner besitzt den Weinberg gleich linkerhand.*“

Miroslaw stutzte und schaute im Schein der Laterne genauer in die Gesichter von Schiller und Körner. „*Oh, Verzeihung die Herren, doch zu so später Stunde hatte ich die hohen Herrschaften nicht erkannt...*“

Körner grummelte etwas, folgte der Geste des Fischers und stieg in den Kahn. Schiller setzte sich mit Körner in die Bootsmitte und beide schienen sich aneinander festzuhalten.

Naumann konnte sich ein Lächeln nicht verkneifen, während er dem Fischer ein paar Münzen reichte. Dieser bedankte sich und schob den Kahn mit den beiden, die jetzt plötzlich sehr still geworden waren, hinaus in die Dunkelheit.

Naumann blieb nicht lange am Ufer stehen. Mit dem ihm zur Gewohnheit gewordenen zügigen, aber nicht allzu hastigen Schritt kehrte er zu seinem Palais zurück.

Er hatte heute einmal mehr bemerkt, dass die Freundeskreise, in denen er sich bewegte, meist deutlich jünger waren. Sie hatten eine eigene Sprache, und auch wenn es möglicherweise niemand bemerkte, so wusste Naumann doch, dass er nicht mit der Selbstverständlichkeit dazu gehörte, die er sich eigentlich wünschte – Schiller war ihm in gewisser Weise fern. Und dieser Gedanke an eine Nationaloper? Dafür würde, wenn er sich überhaupt realisieren ließe, noch viel Wasser die Elbe herunterfließen.

Brautwerbung

Naumann genoss es als Hofkapellmeister offensichtlich, in den gehobenen gesellschaftlichen Kreisen ein willkommener Gast zu sein. Er gehörte zu den Freimaurern, für die er komponierte und zum illustren Kreis um Tina, Gräfin von Brühl. Die Schwiegertochter des legendären sächsischen Finanzministers lebte verhältnismäßig bescheiden in Seifersdorf. Und während ihr Mann als preußischer Beamter die Bezüge aus dem kleinen Rittergut aufbesserte, pflegte sie kunstsinnige Freundeskreise, suchte nach den idealen Beziehungen und gestaltete eine Welt, wie sie sein sollte. Mit dem „Seifersdorfer Tal" hinterließ sie eine beeindruckende gartenbauliche Anlage. Scheinbar natürlich, im „englischen Stil", fügen sich hier Pflanzen, Wege, Hügel und kleine Gebäude zu Sichtachsen und stehen miteinander in genau durchdachten Beziehungen. Mitten darin steht ein Denkmal: „Für den Sänger des Tales" – Johann Amadeo Naumann. Der verstand die empfindsamen Stimmungen, getragen von einem hehren Freundschaftsideal, und besuchte Seifersdorf oft. Das Verhältnis zu Hans Moritz von Brühl war sehr freundschaftlich und oft wurde gemeinsam musiziert.

Die Bedeutung der Freundschaft kann in Naumanns Leben nicht hoch genug geschätzt werden. Immer wieder hatte Naumann Freunde in seinen Hausstand aufgenommen: Schülerinnen, einige Zeit den für seine Porträts berühmten Hofmaler Anton Graff und mehrfach Elisa von der Recke, die schillernde Persönlichkeit und einfühlsame Dichterin. Sie korrespondierte mit den Geistes- und Kunstgrößen ihrer Zeit, betätigte sich im Auftrag ihrer Schwester, die mit dem Herzog von Kurland verheiratet war, diplomatisch und schrieb sehr empfindsame Gedichte und Geschichten. Berühmt sind ihre Abrechnung mit dem Hochstapler Cagliostro und die „Herzensgeschichten einer baltischen Edelfrau". Jene Elisa von der Recke war es auch, die Naumann, als er die Fünfzig überschritten hatte und sich erste gesundheitliche Einschränkungen einstellten, zur Ehe ermunterte.

Eines Abends, von der Recke hatte über längere Zeit das leidige Thema immer wieder und wieder hartnäckig angesprochen, konnte Naumann einfach nicht mehr ausweichen. Seine Argumente zählten nicht. Also ließ er sich bei einem Gläschen Wein am Kamin nieder. Die Freundin war gut vorbereitet: Naumann musste auf viele verschiedene Zettel und Kärtchen alle Frauen aufschreiben, die ihm einfielen. Auf andere Kärtchen sollte er notieren, was ihm an Frauen gefiel, was er von einer Ehefrau erwarte und was ihn an Frauen abstoße – somit alle positive und negative Eigenschaften, Verzichtbares und Unverzichtbares. Nachdem alles aufgeschrieben war, wurden die Zettel auf dem Tisch hin- und hergeschoben, zu einem System geordnet, ergänzt, umsortiert und wieder neu systematisiert.
Das war etwas, womit sich Naumann auskannte. Schließlich hatte er schon vor Jahren bei Tartini lange Zahlenreihen abgeschrieben, um Musik und ihre Wirkung in ein System zu fassen. Auch seine Freunde bei den Freimaurern waren davon überzeugt, dass die Welt in allen ihren Bewegungen, das Schicksal der Menschheit und eines jeden Einzelnen in einem großen System geordnet seien. Und wenn man dieses System entschlüsseln würde, könne man Vergangenheit und Zukunft erkennen. Schließlich blieb am Ende ein Fräulein J. aus L. übrig, die die geeignete Ehekandidatin mit den meisten Vorzügen sei.
Es gab Berichte, Naumann hätte einen Bekannten gebeten, die notwendigen Erkundigungen einzuziehen. Denkbar wäre auch, dass Naumann sich bei der Familie des Fräuleins angemeldet hat und freundlich zum Essen geladen wurde: Die Tochter des Hauses war so sympathisch wie Naumann sie in Erinnerung hatte – zuvorkommend, ein wenig schüchtern, aber doch angetan von der Gegenwart des stattlichen und angesehenen Hofkomponisten und geschmeichelt von seinen Komplimenten. Schließlich, nach dem Essen, fasste sich Naumann ein Herz und formulierte seinen Antrag. Das Fräulein errötete, schlug die Hände vor den Mund, die Serviette fiel herunter, als sie sich erhob und geradezu fluchtartig den Raum verließ.

Die Eltern waren sehr betreten, Naumann entsetzt, fragte sich, was er falsch gemacht und wie er eine solche Reaktion ausgelöst habe, bis der Familienvater etwas verlegen die Situation aufklärte: Seine Tochter habe gerade vor zwei Tagen einen ähnlichen Antrag von einem jungen, sehr ehrenhaften und durchaus respektablen Anwalt bekommen, den sie schon angenommen habe...

Elisa von der Recke wird wohl, als sie diese Begebenheit erfuhr, bei der Mühe, die es gekostet hatte, Naumann überhaupt zum Entschluss und zur Reise nach L. zu bewegen, ihren Naumann schon als Hagestolz enden gesehen haben. Doch unerwarteter Weise war Naumann kaum deprimiert, sondern jetzt gerade angestachelt, den „Fehler im System" zu finden. Also setzte er sich mit der Freundin noch einmal an die Kärtchen und Zettel und fand so einen anderen Namen – den von Katharina von Grothschilling, seiner Schülerin und Freundin aus Kopenhagen. Er hatte Katharina nie vergessen. Sie hatte sich in seine Erinnerung eingebrannt und war darin aufgehoben wie in einem Medaillon, wie vielleicht so manch andere Frau, die einen festen Platz in seiner Erinnerung hatte. Eine unveränderbare Erinnerung, die sich nur in seiner Fantasie bewähren musste, aber nie im Alltag. Zwar war der sich unmittelbar an den Kopenhagen-Aufenthalt anschließende, lebhafte Briefwechsel mit ihr inzwischen kaum noch erwähnenswert, ließ sich aber zielstrebig wieder aufnehmen.

Auch Katharina hatte die Erinnerung an die Stunden in Kopenhagen bewahrt. Sie willigte, wie auch ihr Vater, schnell in die Heirat mit dem berühmten Komponisten ein, kam nach Dresden, bezog Naumanns Palais in Blasewitz und war auch in seiner Stadtwohnung im Hotel de Saxe zu Hause.

Doch was Naumann geahnt und befürchtet hatte, trat ein: Die glückliche Zeit von Kopenhagen, die Harmonie einer musikalischen Beziehung, scheiterte an den Eherealitäten. In acht Ehejahren erblickten vier Kinder das Licht der Welt, mussten versorgt und erzogen werden, zwei Hausstände waren zu betreuen,

Repräsentationspflichten zu erfüllen. Katharina und Naumann waren ein gutes Paar, passten trotz des großen Altersunterschiedes zusammen. Doch für Katharina war es fern der Heimat schwierig, gesellschaftlichen Anschluss zu finden und eine idealisierte Liebesbeziehung ließ sich in der damaligen Zeit kaum leben und blieb nur eine erstrebenswerte Illusion.
Von Naumann wird erzählt, dass er ein guter Vater gewesen sei. Insbesondere seine Älteste wird ihn froh gemacht haben, zeigte sie doch sehr bald eine gewisse musikalische Begabung. Allerdings dürfte es auch wahr sein, dass er, der immer allein und auf sich gestellt war und, mit Ausnahme seiner Mutter, seine Lebensbegleitung immer selbst gewählt hatte, nicht so leicht in einen Familienalltag zu integrieren war. Mit über Fünfzig innerhalb von wenigen Jahren viermal Vater zu werden, mit diesen Kindern zusammenzuleben, dürfte vielleicht auch für manche Probleme gesorgt haben und nicht ausschließlich erholsam und anregend gewesen sein.

Der letzte Gang

Naumann entfloh dem Treiben in seiner Stadtwohnung. Obwohl er schwer hörte und die Töne des Orchesters oft wie dumpfe Nebelklänge an seine Ohren gelangten, spürte er die Unruhe und das pulsierende Leben der Kinder, das ihm manchmal zu viel wurde. Er wusste, dass er etwas kürzer treten müsse und dass es um seine Gesundheit nicht zum Besten stand.

Auch auf dem Neumarkt herrschte noch lebhaftes Treiben. Die gewaltige Kuppel der Frauenkirche auf der anderen Seite des Platzes schien in der Sonne zu glühen und Naumann verwandelte seine Flucht in den Beginn eines seiner geliebten Spaziergänge. Natürlich kein Müßiggang, nein, es gab ein Ziel und einen Grund, so wie er es ein Leben lang gehalten hatte. Heute würde er beim Hofgärtner vorbeischauen und sich wegen der Baumbepflanzung im Park seiner Villa in Blasewitz beraten lassen. Aber eigentlich war der Weg das Ziel. Diese gleichmäßige Bewegung, dieses Schritt vor Schritt setzen, das war lebenslang einstudierte Gewohnheit, das war genossenes Alleinsein, Freiraum zum Denken und für seine Musik. Wie das Ostinato, wie der Grundrhythmus seines Lebens. Er musste nicht denken, wohin er ging, seine Füße fanden den Weg automatisch und sie gingen, wie von selbst. Schritt um Schritt. Wie immer.

Stehenbleiben und Zurückschauen waren keine von seinen Angewohnheiten. Ein Ziel zu haben und voranzukommen – so lebte er, seit er denken konnte. Naumann wollte nicht tiefer nachdenken, denn im Grübeln würde vielleicht die Frage aufkommen, inwieweit sein Vorangehen, seine Zielstrebigkeit letztendlich doch ein Weg im Kreis gewesen waren.

Deshalb war ihm in den letzten Jahren auch immer wichtiger geworden, welche Texte er vertonte und dass die, die es sangen, hinter dem Inhalt standen und die, die es hörten, es verstanden. Das war anfangs anders gewesen. In Italien, als er seine ersten Opern schrieb, hatte er einen fast beliebigen Text, irgendeine Geschichte in Musik gesetzt. Selbst die Messen für die Hofkirche waren keine Herausforderung: das Kyrie etwas düster, in der dritten Wiederholung vielleicht eine Fuge, die man im Agnus wieder verwenden konnte, und das Gloria immer triumphal. Genauer hinhören musste man eigentlich nur beim Credo. Aber jetzt, seit er Psalmen vertonte oder das „Vater unser" mit den Klopstock-Texten in Musik setzte, da war jede Silbe wichtig, jede Betonung, jeder Akzent.

Er ging weiter und nun achtete er auf den Weg. Zielstrebig führten ihn seine Schritte in Richtung Blasewitz, auch wenn die heimatliche Villa nicht sein Ziel war. Er wollte sich mehr um Garten und Park kümmern und mit dem Hofgärtner über die geplanten Anpflanzungen sprechen. Es war schon Oktober, und man musste schauen, was man noch vor dem ersten Frost in den Boden bekommt oder was sinnvollerweise erst im Frühjahr zu pflanzen sei. Der Gärtner hätte es natürlich auch allein entscheiden können, aber Naumann war froh, dem Toben zu Hause entkommen zu können und etwas Ruhe zu haben. Vor ihm lag der „Große Garten", halbrechts das Palais, halblinks die Anpflanzungen der Hofgärtnerei.

Urplötzlich passierte etwas mit seinem Körper und seine Glieder gehorchten ihm nicht mehr. Er sackte nach rechts zusammen, rollte eine Böschung herab und landete auf feuchtem, schmutzigen Grund. Es misslang ihm aufzustehen, und er konnte nicht begreifen, was mit ihm passierte. Irgendwie versuchte er die Böschung heraufzukriechen, doch er rutschte immer wieder zurück. Schließlich zwang er sich zur Ruhe und atmete tief durch – wahrscheinlich hatte ihn der Schlag getroffen.

Eine Magd, die vom Weg aus auf den hilflosen Mann im Graben aufmerksam geworden war, beugte sich über ihn: *„Mein Herr, was ist Ihnen, was haben Sie, kann ich Ihnen helfen?"* – *„Hol Hilfe. Ich bin der Hofkapellmeister Naumann!"*

Doch Naumanns Worte waren wegen seiner Lähmung völlig unverständlich. Er merkte es selbst und zwang sich, so deutlich wie möglich zu sprechen: *„Hilfe. Hol Hilfe. Hofkapellmeister. Musiker, Musik, Naumann, Hofkapellmeister."*

Die völlig verängstigte Magd verstand gar nichts. Sie wollte helfen, aber auch weg. Der heftig gestikulierende Mann mit dem verzerrten Gesicht war von imposanter Statur, aber offensichtlich hilflos, und seine laute, eindringliche, aber unverständliche Art zu reden, machten ihr Angst.
„*Ich hole Hilfe*", rief sie ihm entgegen.
Naumann nickte. „*Hofkapellmeister!*"
Sie wiederholte: „*Hof*", er nickte „*stall*", doch er schüttelte heftig den Kopf, „*Marschall*", er schüttelte noch wütender und rief „*Musik!*" – „*Musik?*", fragte sie.
Er nickte wie besessen: „*Hofkapellmeister!*"
Sie stutzte: „*Hof-Kapellmeister?*"
Er nickte nochmals und wies in Richtung Straße. Sie krabbelte die Böschung hoch und lief los – direkt zum Haus von Hofkapellmeister Joseph Schuster. Verzweifelt versuchte sie dort den Dienstboten zu erklären „der Herr", der Hofkapellmeister, liege hilflos im Hofgarten.
Man glaubte ihr nicht, denn man wusste es besser.
Schließlich kam Schuster selber an die Tür. Als er sagte, er sei der Hofkapellmeister, protestierte die Magd entrüstet. Der Herr Hofkapellmeister sei ein großer, imposanter Mann, fast wie der starke August, mit viel Gesicht und großen, hervorquellenden Augen.
In dieser Beschreibung erkannte Schuster sofort Naumann, begriff die Verwechslung und die Zusammenhänge. Er benachrichtigte Naumanns Familie, hielt die eigenen Dienstboten an, bei der Suche nach Naumann zu helfen und begriff dennoch fast sofort, dass der große Naumann, lange Zeit sein Konkurrent, wahrscheinlich am Ende war.
Man suchte die ganze Nacht nach Naumann, fand ihn aber erst in den Morgenstunden. Er war nicht liegen geblieben da, wo ihn die Magd gefunden hatte, da er weitergehen wollte, vorankommen. Als man ihn schließlich fand, trug man ihn in die Hofgärtnerei. Da hatte ihm die nächtliche Kälte schon deutlich zugesetzt. Für die Ärzte gab es nichts mehr zu helfen.

Elisa von der Recke war da. Sie bestimmte, wer bei ihm sein durfte. Anton Graff, den alten Freund, schickte man weg. Auch Katharina, Naumanns Frau, sollte geschont werden und die Kinder sowieso.

Elisa lenkte auch nach Naumanns Tod die Geschicke. Sie suchte einen Biografen für ihren Freund und schrieb kurzerhand selbst die ersten Erinnerungen über Naumann auf. Sein Bild sollte für die Nachwelt glänzen. Vom Menschen, von diesem großartigen Menschen und Freund sollte nur die vorbildliche Figur bleiben – das Denkmal eines „Sängers des Tales“, ein rundes Bild.

Seine Musik erklang, solange sie beliebt war. Da er sich nicht um die Mode gekümmert und aus dem Opernstreit herausgehalten hatte, ging der Geschmack schnell über ihn hinweg. In der Hofkirche in Dresden wurde er länger gespielt. Da war die Dresdner Tradition eigen, ließ anderes, Fremdes nicht zu. Als diese Regel brach, verschwand auch die Kirchenmusik Naumanns aus dem Repertoire.

Naumann war immer zielstrebig vorangegangen. Er war über sich selbst, den Häuslersohn aus Blasewitz, hinaus gewachsen. Seine Kinder wurden Gelehrte und seine Enkel machten wieder Musik – neue und ganz andere. Man erinnerte sich an Naumann, setzte ihm weitere Gedenksteine und -tafeln, benannte Straßen nach ihm – doch seine Musik verstummte. Es sollten mehr als 150 Jahre vergehen, bis die Musik des Blasewitzers wieder in der Dresdner Oper erklang. Hoffentlich wird sie nie wieder verstummen.

Im Donatus-Verlag sind außerdem erschienen:

Aus einfachsten Verhältnissen stammend, erlebte Naumann eine fulminante Karriere, die ihn mit bedeutenden Persönlichkeiten seiner Zeit zusammenbrachte – neben Elisa von der Recke, Christian Gottfried Körner, Johann Gottfried Herder, Friedrich Gottlieb Klopstock und Friedrich Schiller seien hier vor allem weitere Dresdner Persönlichkeiten wie der Maler Anton Graff oder Hans Moritz von Brühl, zu nennen. Auch sein Wirken als Freimaurer hinterließ Spuren. Naumanns Schaffen umfasst zahlreiche Opern, Oratorien, Messen, Lieder und Instrumentalmusik, die auf eine Wiederentdeckung warten.

Die Musikwissenschaftlerin und Sängerin Romy Petrick gibt einen auf bisherigen Quellen basierenden, neuen Überblick zum Leben und Schaffen dieses bedeutenden Dresdner Komponisten. Umfassendes Bildmaterial ergänzt die Ausführungen, die einen Einblick in die Lebenswelt Dresdens im 18. Jahrhundert gewähren.

Das Phänomen der Kastratensänger hat bis heute nichts an Faszination verloren. Im Barockzeitalter gehörten Kastraten zu den bestverdienenden Musikern überhaupt und dominierten die Opernbühnen bis weit ins 18. Jahrhundert hinein. Der Dresdner Hof gehörte ab dem 17. Jahrhundert zu einem der wichtigsten Zentren der italienischen Oper und beschäftigte über große Zeiträume die berühmtesten Kastraten der Musikgeschichte. Entdecken Sie in einer spannenden Darstellung die Umstände und Bedingungen der Kastratensänger am Dresdner Hof und erhalten Sie einen neuen Einblick über dieses Ausnahmephänomen der Gesangsgeschichte.

Die Dresdner Sängerin und Musikwissenschaftlerin Stephanie Hauptfleisch widmete sich in ihrer Magisterarbeit ausführlich den Kastraten am Dresdner Hof und hat mit dieser Publikation ein lesenswertes Standardwerk über dieses Kapitel Dresdner Musikgeschichte vorgelegt.